Isha Lerner & Mark Lerner

Tarot für das Innere Kind

Isha Lerner & Mark Lerner

TAROT für das INNERE KIND

Eine Reise in die Welt der Märchen

Illustrationen von
Christopher Guilfoil

Aus dem Amerikanischen von
Mara Ordemann

SILBERSCHNUR

Originaltitel: Inner Child Cards

ISBN 3-931 652-23-8

1. Auflage 1997
2. Auflage 2000

Aus den Amerikanischen übersetzt von Mara Ordemann, Neuwied

Gestaltung: dtp XPresentation, Boppard
Druck: FINIDR, s. r. o., Český Těšín

Verlag „Die Silberschur“ · Steinstraße 1 · D-56593 Güllesheim

www.silberschnur.de · e-mail: info@silberschnur.de

Gesegnet seien die Kinder,
denn sie werden das Erbe der Erde antreten.

Für Gabrielle, Katya,
und die Kinder der Erde

Inhalt

Danksagung

Wir möchten Barbara Hand Clow danken, Barbara Doern Drew, unserem Herausgeber Gail Vivino, unserer Designerin Marylin Hager Biethan und der gesamten Mannschaft von Bear & Company, die an die Magie dieses Projektes geglaubt und uns geholfen haben, es zu verwirklichen.

Ein herzlicher Dank und tiefe Anerkennung gehen an Hannah Jacobson Nealley. Hannah ist eine poetische und wunderbare Märchenerzählerin; viele Seiten dieses Buches sind geprägt von ihrem Verständnis und ihrer tiefen Liebe zu den Märchen.

Dank auch an unsere Töchter, Gabrielle und Katya, für ihr Engagement und ihren Rat bei der bildnerischen Gestaltung der Karten.

Unser herzlicher Dank geht an alle unsere Freundinnen und Freunde sowie unsere Lieben, die uns seit vielen Jahren geholfen haben:

Cherie und John Godon-Bynuom, Li Bette Porter, Stephen Eiring, Kaya Weinman, Tom Boerman, Nancy Vierra, Yvonne Vowels, Christeen Reeg, Steffi und Gary Escandon, Leah Tzivea Barron sowie David und Gladys Lerner.

Unser liebevolles Gedenken gilt Ishas Mutter Colleen Keating, deren Tod uns die Chance für eine intensive Reise in Schmerz, Liebe und Mitgefühl für Isha geboten hat.

Eine liebevolle Umarmung und ein herzliches Dankeschön gelten dem Inneren Kind, das uns geleitet und unsere Herzen während dieser Arbeit geöffnet hat. Dieses Projekt beweist, daß Leid in eine Gabe der Liebe umgewandelt werden kann. Liebe ist der größte Heiler auf Erden.

Und nicht zuletzt ein besonderes Dankeschön an unseren lieben Freund und Künstler Christopher Guilfoil, der die Karten illustriert hat - einige Menschen gehen weiter zurück, als das menschliche Herz je ergründen kann. Für immer in Freundschaft! Wir danken Dir!

Einleitende Worte

Die universellen Archetypen des Tarots - *Der Narr*, *Der Magier*, *Die Priesterin*, *Der König* - sind den Mythologien auf der ganzen Welt gemeinsam. Dennoch ist jedes Tarotdeck wie jedes ursprüngliche Kulturgut dafür bestimmt und so angelegt, daß es die Ästhetik und Neigung der betreffenden Künstler und Philosophen wiedergibt - es „arbeitet" für den- oder diejenige(n), der/die es nutzt, zum Teil durch dessen oder deren persönliche Beziehung zu der Kunst und der Philosophie, die dieses Deck zum Ausdruck bringt. Diese Verbindung zwischen Kunst und Philosophie ist es, die das Tarot von den meisten esoterischen und sogenannten „okkulten" Systemen abhebt. Wie die Kunst und auch die Philosophie ist das Tarot eine Spiegelung einer Epoche, eine Ära in der menschlichen Geschichte.

Wir sind weniger menschliche Wesen, die spirituelle Erfahrungen haben, als spirituelle Wesen, die menschliche Erfahrungen haben, und das Tarot ist eine Möglichkeit, die spirituelle Reise der Seele durch das menschliche Reich zum Ausdruck zu bringen. Die „esoterische" Aufgabe des Tarots ist jedoch nicht seine Verwendung als System, mit dem man die Zukunft voraussagen kann, oder um wahrzusagen, sondern das Tarot verfügt über die ungeheuere Fähigkeit, unser Leben darzustellen, wie es jetzt ist. Auf diese Weise ist das Tarot eine Halle mit Spiegeln für die Zeiten unseres Lebens. Es spiegelt die Entstehung einer menschlichen Kultur und die vielfachen Phasen ihrer Transformation und ihres Wachstums wider. Ob nun die Mikrokultur von jemandem, der sein oder die ihr „persönliches Tarot" wählt, oder die Makrokultur des traditionellen ägyptischen Pantheon - jede Tarotkarte ist Ausdruck einer Reihe von Höhepunkten in der persönlichen und gemeinschaftlichen Geschichte.

Diese Höhepunkte kristallisieren sich in Bildern, die durch ihre Nähe zu den spezifischen Details unserer tiefgehenden Menschlichkeit große Kraft und Einsicht vermitteln. Das Schlüsselwort hier heißt „spezifisch“: Durch dieses sehr, sehr Spezifische kommt der universelle Grund des Seins, der allen gemeinsam ist, ans Licht. Die Beachtung lebhafter Details ist ein anderer Grund, warum das Tarot funktioniert - ohne daß der Anwender an irgendein Dogma glauben muß. Ich erinnere mich noch, wie erstaunt ich war, als mir jemand, der sich beruflich mit diesem Thema beschäftigte, sagte: „Ich glaube nicht daran, aber es funktioniert!“ Als wirkungsvolles Orakel, das das Tarot sein kann, reflektiert es diese Prozesse, indem es einen größeren Glauben an uns und an das, was wir sein wollen, schafft; ein Tarot fordert das Wissen nicht *der* Wahrheit schlechthin heraus, sondern das der *eigenen* Wahrheit.

Das Tarot wirkt auf die Seele - jene Essenz des Lebens, die in uns wirkt - durch die Macht der Phantasie; je phantasievoller das Tarot, desto mehr gelingt es ihm, die der Seele eigene Sprache zu sprechen. In einer Zeit, in der die Menschen Gefahr laufen, ihre Phantasie (und ihre Seelen) ans Fernsehen und die Werbung der Massenmedien zu verlieren, finden wir im *Tarot für das Innere Kind* von Mark Lerner und Isha Lerner eine seelenvolle Rückkehr zu den euro-amerikanischen Wurzeln des Märchens. Vor dem „Zeitalter der Vernunft“ - vor Descartes, vor Newton - erfolgte das Lernen und die Erfahrung höherer Wahrheiten durch Geschichten und Märchen. Im Zeitalter des neuen „erleuchteten wissenschaftlichen Denkens“ verloren Märchen für „ernsthafte“ Erwachsene schnell an Wert und wurden auf die „Kinder“ zurückverwiesen, wo sie heute übrig geblieben sind. Glücklicherweise kommt für uns phantasievollere Erwachsene das *Tarot für das Innere Kind*, das uns Geschichten erzählt, an die wir uns alle noch erinnern, gerade noch rechtzeitig Diese Neuigkeit mag für einige der traditionelleren Tarotliebhaber, die sich mit den babylonischen/sumerischen/ägyptischen Interpretationen der vergangenen Zeiten identifiziert haben, nicht leicht sein. Viele werden überrascht, ja verärgert sein über die Kühnheit des *Tarot für das Innere Kind*, und dies aus gutem Grund. Zum einen tragen diese Karten dem phantasiereichen Geist des Kindes Rechnung. Zum anderen nehmen sie die traditionellen Metaphern auseinander und fügen sie neu zusammen. Wie die allgemeine semantische Theorie uns wissen läßt, kontrolliert im Bereich der Seele derjenige, der die traditionellen Metaphern kontrolliert, auch den Geist. Mark Lerner und Isha Lerner ist es gelungen, nicht weniger als ein symbolisches Wunder zu vollbringen, indem sie ein archaisches mystisches System den euro-amerikanischen kulturellen Wurzeln, die sie und viele von uns heute teilen, angepaßt haben

Das Verblüffendste im Hinblick auf das *Tarot für das Innere Kind* ist aber, wie gut es funktioniert, wie es paßt und harmonische Akkorde emotionaler Erinnerung und des Seelenlebens, das in lang vergessenen Geschichten aus der Kindheit verschüttet worden ist, zum Klingen bringt - jeder Ton erzählt eine andere Geschichte. Christopher Guilfoils wunderschöne Illustrationen haben ihren eigenen sonderbaren Zauber, als wären sie von den Feen selbst gemalt. Die Geschichten - *Rotkäppchen*, *Aladin und die Wunderlampe*, *Die Feenkönigin* (*Narr*, *Magier*, *Hohepriesterin*) - erzählen uns davon. Und schließlich verraten die Autoren ihren Sinn für Humor dadurch, wie sie den Teufel porträtieren, indem sie niemand anderen als den *großen bösen Wolf* selbst nehmen. Das allein mag schon ausreichen, unsere „Dämonen“ zu entmystifizieren...

Das *Tarot für das Innere Kind* ist von zwei Berufsastrologen mit ausgedehntem Background in der Symbolik des Tarots geschaffen worden. Mark Lerner und Isha Lerner haben diese Karten gleichzeitig mit einem monumentalen astrologischen Ereignis herausgegeben, von allen Astrologen als die „Uranus-Neptun-Konjunktion zum Steinbock" (1991 - 1995) anerkannt. Es würde ein ganzes Buch in Anspruch nehmen, die Bedeutung dieser Konjunktion zu untersuchen. Daher möchte ich hier nur kurz sagen, daß es nur eine einzige Zeit in diesem Jahrhundert gegeben hat, die aus astrologischer Sicht so bedeutend war, nämlich die totale Kulturrevolution in den späten sechziger Jahren, als Uranus und Pluto in Konjunktion zur Jungfrau standen; die immensen kulturellen Veränderungen in der Welt von heute lassen an eine ähnliche Entwicklung denken.

Diese Karten kommen auch in einer Zeit auf den Markt, in der sich zweitausend Jahre Menschheitsgeschichte anschicken, in das Wassermannzeitalter einzutreten. Jeder Astrologe weiß, wie sehr jedes Zeichen mit seiner Opposition einhergeht und jede astrologische Ära mit ihrer eigenen Polarität kosmischer Kräfte. Im Wassermannzeitalter ist es niemand anderes als Leo der Löwe, das astrologische Symbol für (unter vielen anderen Dingen) den Archetypus des Inneren Kindes. Die Autoren wissen, was sie tun. Außer der Reise in die traditionellen Mythen dieser Märchen haben sie es gewagt, über die Gegenwart hinaus in die Zukunft zu gehen, indem sie einen neuen Mythos schufen, symbolisiert durch das Porträt der letzten Karte in ihrem Deck. Traditionell *„Die Welt"* genannt, fokussiert ihre Karte *Das kosmische Kind* die gesamte Reise der Großen Arkana in einer einzigen Karte, indem sie das Ende mit dem Anfang verbindet, als Referenz an die galaktische Zeit unserer wahren spirituellen Ursprünge ... Seelen kämpfen darum, geboren zu werden und am eigenen Leib die Bedingungen des Menschseins zu erfahren.

Auch die Kleinen Arkana sind in meisterlich kreativer Weise neu zusammengestellt worden, indem die vier traditionellen Farben des Kartenspiels - Stäbe, Schwerter, Kelche und Münzen - in *Magische Stäbe*, *Schwerter der Wahrheit*, *Geflügelte Herzen* und *Erdkristalle* umbenannt wurden. Die irdische „Schwere" und übertriebene Nüchternheit der „Weisheit der Erwachsenen" ist - Gott sei Dank - transzendiert worden, um die Ernsthaftigkeit des kindlichen Spiels zu enthüllen.

Wie Lehrer heutzutage wissen, beschleunigt der Geist des Spiels nicht nur den Lernprozeß, sondern lehrt uns auch zu erkennen, wie wichtig es ist, beim Lernen *neue* Wege zu beschreiten, um weiterhin zu lernen.

Die sechzehn Hofkarten der Kleinen Arkana erweitern die ursprüngliche Absicht des traditionellen Tarots, indem sie dem erzieherischen Modell der Lehrjahre neues Leben einhauchen. Durch die moderne Geschichte des Zauberers von Oz lernt die wandernde Seele die Erfahrung des „drei-zentrierten Menschen" mit einem Kopf, einem Herz und einem Bauch. Die bekannten Geschichten wie *Der kleine Prinz*, *Pinocchio*, *Goldlöckchen* und *Huckleberry Finn* bringen die formenden und kindlichen Stadien des Lernens in jedem der vier Bereiche zum Ausdruck. Drei der vier Erzengel - Raphael, Michael und Gabriel(le) - werden begleitet von Gaia, der Hüterin der Kristalle selbst, die der kindlichen Seele auf ihren gefährlichen Fahrten unsichtbaren Schutz gibt. Andere Karten spiegeln mögliche Rollenmodelle und Bestrebungen wider, die lernende Seele auf ihrer Reise zu begleiten - nicht zu vergessen, es ist die Seele als menschlicher Lehrling.

Seit seinen Ursprüngen - die Anfänge liegen im Dunkeln - sind die Bilder des Tarots in Tableau-Format dargestellt worden - großartige Momente, wie eingefroren und in der Zeit schwebend. Indem eine andere archetypische Geschichte jedem einzelnen Bild zugeordnet wird, machen die Karten des *Tarot für das Innere Kind* einen Quantensprung von der Stille des Lebens zur dreidimensionalen Lebendigkeit, da jede Karte mit ihrem eigenen Beginn, ihrer Mitte und ihrem Ende zum Leben erwacht. Das allein ist den Eintrittspreis wert für eine Vorstellung der Autoren im multidimensionalen Theater der Seele.

Antero Alli
Seattle, Washington
Januar 1992

Antero Alli ist der Autor von „Astrologik“ und „Angel Tech“ und Leiter des „Paratheatrical Research of Seattle“.

Vorwort

Eine Zauberin. Drachen und Schlösser. Eine Feenprinzessin. Die böse Hexe. Der große böse Wolf - eine Kindheit ohne Fabeln oder die vielschichtigen Charaktere in ihnen ist unvorstellbar - Charaktere, die als unsere Helden, Heldinnen, Alpträume und Träume Eingang in unser Leben finden. Mit Hilfe dieser Gestalten entdecken wir die Schätze in unserer eigenen Seele.

In der Geschichte von *Schneewittchen* liegt die Lektion von Tod und Wiedergeburt und die wundersame Transformation verborgen, die wir beim Übergang von der Kindheit ins Erwachsenendasein machen. Grimms Märchen *Rotkäppchen* ist die Einführung in das Stadium des Lebens, das sich „Individuation" nennt. Der Fabel zugrunde liegt der persönliche Konflikt, dem wir uns gegenübersehen, wenn wir auf die Dualität Abenteuer/Pflichtbewußtsein stoßen. Diese Lektion birgt Neugier, Unschuld und die letzte Herausforderung, nämlich unserem eigenen Schatten gegenüberzutreten (oder dem kollektiven Schatten, der durch den *großen bösen Wolf* repräsentiert wird). *Mutter Gans* ist die historische Bringerin des Lebens und ein Mythos, denn sie hat symbolisch das goldene Ei, die Sonne, den Mond gelegt und in einigen Volkssagen sogar das gesamte Universum.

In der Kindheit nimmt Phantasie einen Teil unseres Lebens ein. Wir haben mit Elfen und Gnomen, Zwergen und Kriegern, Engeln und Tieren zu tun. Wir lernen, daß Glauben die Seele zum Strahlen bringt, daß Reinheit unsere größte Freude ist und daß Leiden und Opfer die unpolierten Juwelen von Schätzen sind, die noch vor uns liegen. Märchen, erzählt und wieder erzählt, bereichern die Tiefe unseres Herzens, aus denen Hoffnung und Ideale entstehen. Keine andere literarische Schöpfung hat solch eine fundamentale Wirkung auf uns wie das Märchen.

Es heißt, das Volkstum wäre von Mund zu Mund, von Lehrer auf Schüler, als Weg der Erleuchtung des einfachen Volkes überliefert worden. In gewisser Weise wird damit der Märchenerzähler, der Vater oder die Mutter, der Lehrer oder jeder, der eine Geschichte zum besten gibt, zum Mystiker. Die Erziehung durch die Mythen ist eine Saat, die eine fruchtbare Basis für innere Stärke, Sicherheit und Selbstverwirklichung schafft. Die Erfahrung eines Mythos fördert im Inneren die vier Stadien der Entwicklung: die physische, emotionale, mentale und spirituelle.

Kindergeschichten sind ein Vehikel, durch das wir die Muse entdecken und ehren. Was bedeutet es, „amüsiert“ oder „verzaubert“ zu sein? Warum weben wir im Mythos des Märchens unseren Weg durch schreckliche Dramen voller Verwünschung und finden uns dann, mit einem Augenzwinkern, verwandelt wieder - in Steine, Tiere, Hexen oder Frösche? In diesen Prozessen der Transformation verlieren wir die Verbindung zur Realität des Alltags und in gewisser Weise auch unser Gedächtnis, so daß wir neu geboren werden können. Ist der Zauber gebrochen, entsteht ein größerer persönlicher Mythos.

Die Geschichten der Vergangenheit tragen Lösungen in sich - jedoch nie die Absicht, Antworten zu geben, zu urteilen, zu strafen oder die Wirklichkeit zu leugnen, nämlich die, daß wir zwar sterbliche Wesen sind, aber dennoch wunderbare Geschöpfe - Feen, Engeln und Zaubern nicht unähnlich, die wir in den Märchen unserer Kindheit finden. Reime, Rätsel und Verse der Kindheit werden zu Stufen auf dem Weg zu Reifung und Imagination.

Der Geist des Kindes ist voll schöpferischer Bilder. Sie dringen in die Seele ein, enthüllen die Macht von Hell und Dunkel und lösen den Impuls aus, Begehren, Liebe und Konflikt zu verstehen. Aus der tiefen Wahrnehmung der Archetypen der Märchen entsteht das Erwachen unterbewußter Kräfte, die zu gegebener Zeit den Geist heilen. Die Rätsel und Vielschichtigkeiten werden nicht durch Worte, sondern durch Weitblick, klare Vision und Erfahrung gelöst. Dieses innere Wissen erneuert das Leben der Seele. Wir alle fühlen uns jünger und lebendiger, während wir in die Welt der Phantasie hineinwachsen. Weil menschliche Wesen das Leben durch die Tore der Kindheit betreten müssen, wird es immer Märchen geben. Sie schaffen eine fruchtbare Basis, auf der sich der einfache Geist der Kindheit und die Weisheit des Alters begegnen können.

In unserer Kultur haben wir den Kontakt zu den Märchenerzählern der Vergangenheit verloren. Kinder hören zwar Märchen und verstehen ihre Grundbotschaften, aber nur selten erfährt ein Kind eine wahre magische und lebenssteigernde Veränderung des Bewußtseins, indem es einer dieser Geschichten lauscht. Die Arbeit mit dem Inneren Kind, seit kurzem so *en vogue*, versucht, das verwundete Kind im Inneren zu heilen und zu befreien, indem es Menschen in einen kindähnlichen Zustand zurückführt. Von dort aus - ob freudig oder angstvoll - ist eine neue Akzeptanz des Lebens und eine Initiation unvermeidbar. Indem Menschen in die Wunden ihrer Vergangenheit zurückgehen, finden sie letztendlich den Weg ins Licht. Am aufregendsten daran ist die Feststellung, daß innere Heilung auch die kollektive Verletzung der Menschheit berührt. Durch die Arbeit des einzelnen führen wir die Masse weiter, nicht durch Worte, sondern durch die tatsächliche Triebkraft der einzelnen Zelle - dem Quantensprung in den Dienst am Kosmos.

Es ist unsere große Hoffnung, daß das *Tarot für das Innere Kind* unserem Planeten in einer Zeit globarer Metamorphose helfen kann. Diese Karten führen in die Sprache bildhaften Bewußtseins und, aus diesem Brunnen gespeist, wird die lang verlorene innere Stimme vielleicht wieder hörbar. Wir alle können von der Geschichte des Landmanns lernen, der vom König einen Wald mit Sandelholz erhielt und diesen abbrannte, um Kohle zu verkaufen. Oftmals sehen wir die Schätze nicht, die greifbar nahe vor uns liegen. In unserem verzweifelten Kampf ums Überleben mißachten wir manchmal unsere kostbarsten Schätze oder zerstören sie sogar. Jeder von uns ist so reich und göttlich wie der kosmische Schöpfer, der uns führt. Das *Tarot für das Innere Kind* ist ein Tribut an unser strahlendes Selbst, das Sternenkind, das in unserem Herzen lebt und die Sprache der Liebe spricht.

Als Autoren wissen wir, daß Sprache einen wesentlichen Aspekt unserer Zukunft darstellt. Unabhängig davon, wie sie zum Ausdruck gelangt - gezeichnet, geschrieben, gesungen, getanzt oder gemalt -, ist die Sprache, unsere Fähigkeit zu kommunizieren, göttlich. Beim Schreiben dieses Buches haben wir uns bemüht, das schönste Werk zu produzieren, das überhaupt möglich war. Mit unserer suchenden Seele sind wir auf den „ursprünglichen Sinn" gestoßen, der in der Welt der Märchen verborgen liegt. Das ist wichtig für alle, die bei der Erziehung ihrer Kinder oder für sich selbst Fabeln verwenden.

Während Sie mit dem *Tarot für das Innere Kind* arbeiten und es er-leben, werden Sie auf unterschiedliche Charaktere und Gestalten stoßen, deren Symbolik für Männer und Frauen unangemessen zu sein scheint. Bitte denken Sie daran: Um die reinen Lehren der Märchen zu erfahren, dürfen wir die männlichen und weiblichen Bilder nicht wörtlich nehmen - sie sind Aspekte der Seele unserer unbewußten Entwicklung. Das schmälert nicht die

Bedeutung starker, heroischer Bilder von Frauen und Mädchen oder liebevoller empfangender Bilder von Männern und Jungen, mit deren Hilfe sich Selbstvertrauen und ein gesundes Ego entwickeln können. (1)

Zu behaupten, dieses Projekt wäre für uns inspirierend gewesen, wäre eine Untertreibung. Seit unserer ersten Begegnung mit der *Findhorn Foundation* in Forres, Schottland, im Jahre 1977 war es eine fortwährende Manifestation. Dort haben wir begonnen, mit den Archetypen des Tarots zu arbeiten. Wie viele von Ihnen wissen, begann die Findhorn Gemeinschaft 1962 mit Peter und Eileen Caddy und ihrer Begleiterin Dorothy MacLean. Über Jahre hinweg gab es erstaunliche Geschichten über Findhorn mit magischen Gärten und Ritualen zur „Einstimmung" auf Geister, Devas, Feen und andere „unsichtbare Wesen", die ein lebenswichtiger Teil der Natur sind. Zum Zeitpunkt unserer Ankunft war die Gemeinschaft ein emporstrebendes Zentrum mehrerer hundert Menschen, die mit persönlicher Transformation und Erziehung arbeiteten und dem Planeten dienen wollten.

Unsere Erfahrungen in Findhorn waren die Quelle und der „Spielplatz", aus dem das *Tarot für das Innere Kind* entstanden ist. Am Vorabend des Neujahrstages 1978 legten wir, kurz vor dem Schlag um Mitternacht, zwölf Karten in einen Kreis und eine dreizehnte in die Mitte. Als wir gemeinsam diese Karte umdrehten, war es *Der Narr* (die 0 der Großen Trümpfe). Unsere Odyssee hatte begonnen - spirituell und symbolisch. Innerhalb weniger Monate heirateten wir und begannen, durch die USA zu reisen, boten Workshops über Findhorn, Astrologie und Tarot an. Zur gleichen Zeit, inmitten all dieser Aufregungen und Reisen, wurde unsere Tochter, Gabrielle, gezeugt. Obwohl wir geplant hatten, Findhorn zu verlassen und uns an der Westküste der Vereinigten Staaten niederzulassen, schickten uns unsere „inneren Führer" auf eine

Pilger-Reise, die uns zurück nach Findhorn führte, wo Gabrielle im Sommer 1979 geboren wurde. Ohne daß es uns bewußt gewesen wäre und in einer wahrhaft inspirierenden Weise haben wir die Neujahrslegung ausgelebt, indem wir beide gemeinsam, wie *Der Narr*, auf dem Pfad der spirituellen Entwicklung gewandert sind.

Als wir uns *Rotkäppchen* als *Der Narr* im *Tarot für das Innere Kind* vorstellten, sahen wir intuitiv Gabrielle als das Kind, das auf der Straße des Lebens reist. Erst jetzt wird uns bewußt, wie treffend und bedeutend diese Wahl und Synchronizität gewesen sind. Als Gabrielle dreizehn Jahre alt war, wurde das *Tarot für das Innere Kind* veröffentlicht - dreizehn Jahre nach unserer gemeinsamen Einweihung in das Tarot. Diese Jahre entsprechen der Anzahl der Karten unserer Legung. Wir erzählen Ihnen von diesem Erlebnis als ein Beispiel dafür, wie Tarot zur Lebenserfahrung werden kann, wenn wir mutig genug sind, seine Geschichten auszuleben.

Es scheint Ewigkeiten her zu sein, daß wir Findhorn verlassen haben. Auf unserem Weg haben wir viele Kurven und Schleifen gemacht - einige waren schmerzlich, andere fröhlich, aber alle boten uns die Gelegenheit, heil zu werden und zu wachsen. Heute sind Isha und ich kein Paar mehr, aber immer noch durch das goldene Band unserer Kinder Gabrielle und Katya verbunden, und durch unsere Arbeit und unsere Vision, dieses Projekt zur Vollendung zu bringen. Im wahrsten Sinn des Wortes - wir sind Seelenpartner, für immer!

Auf der tiefsten Ebene kam die Eingebung für die Schaffung dieses Decks durch unsere Kinder. Früh in ihrem Leben bereits begannen sie, mit unseren Tarotkarten zu spielen. Sie liebten die lebendigen Bilder und baten uns oft, ihnen eine Geschichte zu der Karte zu erzählen, die sie gezogen hatten. Immer wurden sie von den phatasievollsten und schönsten Karten angezogen. Dennoch wollten wir, daß unseren Kindcrn ein Tarotdeck zur Verfügung stand, dessen Bilder weniger Ansprüche an Erwachsene stellte, sondern mehr Herz hatte.

An einem Sommermorgen 1988, bei Vollmond, war es soweit: Wir hatten eine wunderbare Vision der Märchen, und das Tarot entstand in Form eines Decks für Kinder und alle diejenigen, die im Herzen jung gebliebenen sind. Als wir uns mit der Idee näher beschäftigten, entdeckten wir, daß das Tarot mit seiner mystischen Kraft ein segensreicher Begleiter für die geheimnisvolle Lehren von Märchen und Mythen ist. An jenem Tag fielen uns die Erkenntnisse zu wie Sternschnuppen vom Himmel. Wir waren von einer Vision und Weisheit jenseits unseres Selbst durchdrungen.

Jetzt ist ein Traum für uns wahr geworden. Wir freuen uns, daß Bear & Company diese Karten herausbringt. Gemeinsam haben wir die Ideen und Eingebungen geerntet, deren Samen vor Jahren gelegt wurden. Dieses Deck ist wie ein Schmetterling, der sich aus dem Kokon befreit, dem Licht öffnet und im Schein des Feuers tanzt. Wir hoffen, dieses Deck wird den Weg zu Ihrem Herzen finden.

Tarot für das Innere Kind

I

Das Orakel

Wie dieses Deck anzuwenden ist

Beinahe sechs Jahrhunderte sind seit den ersten authentischen Tarotkarten vergangen, die 1392 in Frankreich entstanden. Hunderte von Decks sind seit damals geschaffen worden - in allen Ecken der Welt. Das *Tarot für das Innere Kind* ist Ausdruck der Weisheit und Magie des Tarots, dem gegenwärtigen Stand der Evolution entsprechend. Um die Schöpfung dieses neuen Decks und seinen Sinn in Ihrem Leben besser verstehen zu können, folgt ein kurzer Abriß über die Geschichte des Tarots der Neuzeit.

Viele Autoren haben sich Gedanken über die Ursprünge des Tarots gemacht, Spekulationen dazu gibt es genug. Einige waren der Meinung, die zweiundzwanzig Großen Trümpfe wären riesige Bilder in einem geheimnisvollen Gang, der die Große Pyramide und die Sphinx in Ägypten verbindet; Neophyten würden auf dem Weg zur Einweihung diesen Weg benutzen und dabei von den Bildern, Symbolen und spirituellen Wesenheiten, die in die Bilder eingraviert sind, inspiriert werden. Andere Autoren behaupteten, das Tarot würde aus Fes, Marokko, stammen, und andere fabulierten von einer sagenumwobenen Stadt in der Alten Welt, in der sich Priester und Priesterinnen zusammenfanden, um die Ewige Weisheit in Form eines Buches mit Bildern oder Karten zum Ausdruck zu bringen. Diese und andere Thesen sind zwar faszinierend, erinnern uns aber nur daran, daß die Anfänge des Tarots im Dunkeln liegen. Was wir mit Sicherheit wissen ist, daß Tarotdecks zur Zeit der Renaissance in Europa aufgetaucht sind.

Der Name *Tarot* kommt aus dem Französischen, in dem der Endbuchstabe *t* eines Wortes nicht ausgesprochen wird. In Italien wurde der Name *Tarocchi* verwendet. Offensichtlich entarteten die Karten zu einem Glücksspiel. Das bringt uns zu einer anderen historischen Tatsache: Es gibt eine eindeutige Verbindung zwischen dem Tarot und den modernen Spielkarten. Das Tarot hat zweiundzwanzig Große Trümpfe und sechsundfünfzig Hofkarten. Die zweiundzwanzig großen Karten sind von I bis XXI numeriert, aber es gibt außerdem noch eine Karte mit der Bezeichnung *Der Narr*, die mit 0 gekennzeichnet ist. Die sechsundfünfzig kleinen Karten bestehen aus vier Folgen mit jeweils zehn durchnumerierten Karten und vier Hoffiguren. In einem modernen Spielkartendeck finden sich zweiundfünfzig Karten, aber die meisten schließen auch einen Joker mit ein. Dieser Joker ist *Der Narr* des alten Tarots. Außerdem haben die modernen Spielkarten nur drei Hoffiguren (König, Dame und Bube), während das Tarot vier hat (traditionell mit der Bezeichnung König, Königin, Ritter und Page). [2)]

Selbst wenn man die Großen Arkana mit den zweiundzwanzig Bildern nur schnell durchschaut, wird klar, daß etwas Tiefgehendes geschieht. Grundsätzlich gibt es drei Ebenen, auf denen das Tarotdeck der zweiundsiebzig Karten funktioniert. Auf der höchsten Ebene ist das Tarot ein System, um die verborgenen Gesetze und Grundsätze der Ewigen Weisheit zu untersuchen und zu verstehen. Außerdem ist es ein mathematisches und wissenschaftliches Vehikel, um in die Geheimnisse des Lebens jenseits der dreidimensionalen Welt einzudringen. Auf der zweiten Ebene spiegeln das Tarot und seine verschiedenen Symbole, Bilder und Archetypen den einzigen Pfad des Schicksals und der Arbeit wider, auf dem jede menschliche Seele in einem Leben wandert. Auf der dritten Ebene ist das Tarot ein Orakel oder eine Technik der Zukunftsdeutung, die es dem Menschen ermöglicht, wichtige Fragen zu stellen und erhellende Antworten zu erhalten. Auf diese Weise kann das Tarot auch als Einrichtung dienen, um in die Vergangenheit zu schauen, Probleme der Gegenwart zu klären und die Tür in die Zukunft zu öffnen.

In den letzten Jahrzehnten ist in den esoterischen Buchläden eine Flut von Orakeldecks aufgetaucht. Geschickte Künstler sind über das Tarot hinausgegangen und haben Decks mit Tieren, Bäumen, Runen, Zeichen der Azteken, Engeln und ähnliches geschaffen. Das *Tarot für das Innere Kind* verwendet das 78er-System des Tarots, aber indem dieses Deck die Magie der Märchen und der unsichtbaren Welt der Natur aufdeckt, bedeutet es eine weitergehende neue Interpretation des Tarots und läßt die Weisheit des Herzens wiederaufleben, die in seinen labyrinthartigen Pfaden verborgen liegt.

Während die zweiundzwanzig Karten der Großen Arkana seit jeher den spirituellen Weg des Schicksals für jede menschliche Seele symbolisiert haben, verwenden viele Decks - vor allem das Rider-Waite und das Crowley-Tarot, das die alchemistische Seite betont - unterschiedliche esoterische Symbole und Bilder, die schwierig zu entziffern waren. Dies geschah zum Teil mit der Absicht, die Großen Arkana von Menschen fernzuhalten, die die Karten mißbrauchen würden. Als wir das *Tarot für das Innere Kind* entwarfen, wollten wir die Schönheit, Weisheit, Freude und Unschuld enthüllen, die in den zweiundzwanzig Großen Trümpfen verborgen liegt. Wir haben uns bemüht, ein Deck zu schaffen, das Eltern, Lehrer und Familien verwenden könnten, ohne in einer Myriade verborgener Meinungen verlorenzugehen, die schwierig zu ergründen sind. Es ist uns auch bewußt, daß bestimmte Märchen in den Großen Trümpfen als Schlüsselkarten dienen und daß diese Märchen „die Geschichte der Karten erzählt haben". So hat die Geschichte der Karten *Schneewittchen* und *Der Tod* eine parallele Bedeutung, wenn Sie die tieferen Botschaften der persönlichen Metamorphose im Kern des Märchens und der dreizehnten Trumpfkarte verstehen. *Aschenputtel* paßt wunderbar zu *Der Mond*, traditionell mit dem Zeichen Fische und der lebhaften Kraft der Träume und Visionen verbunden. Und so geht es weiter mit vielen Märchen, die den Karten des traditionellen Tarots entsprechen: *Schneewittchen* der Karte *Der Eremit* (*Jungfrau*), *Die Schöne und das Tier* der Karte *Stärke* (*Löwe*), *Rapunzel* der Karte *Der Turm* (*Mars*) und *Hänsel und Gretel* der Karte *Die Liebenden* (*Zwillinge*).

In ihrer Essenz scheinen die Märchen des Westens, wenn sie in die richtige Reihenfolge gebracht werden, lebhafter Ausdruck verborgener Archetypen des kollektiven Unbewußten zu sein - Archetypen, die als spiritueller Pfad durch die Großen Arkana des Tarots sichtbar gemacht und manifest werden. Wenn wir die Vorstellung akzeptieren, daß jeder der zweiundzwanzig Großen Trümpfe ein spirituelles Wesen oder ein Leben auf einer höheren Daseinsebene darstellt, dann sind die Märchen und ihre Hauptcharaktere lebende Exemplare jener Trümpfe, die in der Welt der Phantasie, der Träume und der kindlichen Vorstellung wirken. Es ist interessant, daß Kinder die Magie des Tarots und des zweiundzwanzigfachen Pfades des Schicksals durch Märchen lernen. Sie haben einen Schlüssel zur Schatzkiste der verborgenen Botschaft in den Märchen und im alten Volksgut erhalten. Das *Tarot für das Innere Kind* hat die Märchen auf der königlichen Straße des Tarots in einer magischen Abfolge geordnet.

Wir haben die zweiundzwanzig Großen Trümpfe auf eine neue spirituelle Reihenfolge gebracht, die auf unserer Erfahrung des Wunders und des Mysteriums des Göttlichen Kindes basiert, das in jedem von uns lebt. Die vier Folgen der Kleinen Arkana sind ebenfalls völlig neu geschaffen und in Bilder gebracht worden. Die Farben sind umgewandelt worden in *Magische Stäbe* (Feen), *Geflügelte Herzen* (Seejungfrauen), *Schwerter* (Kinder auf Abenteuersuche) und *Kristalle* (Gnome). Viele Schöpfer von Tarotdecks haben die Kleinen Arkana einfach von 1 bis 10 numeriert und entsprechend viele Münzen, Kelche, Stäbe oder Schwerter auf einer Karte plaziert. In unserem Deck erzählt jede Karte eine Geschichte, die Herz und Verstand öffnet und neue Enthüllungen der göttlichen Reise sichtbar macht. Wir haben die sechzehn Hofkarten, die zu den Kleinen Arkana gehören, ebenfalls geändert.

Joseph Campbell und andere Autoren vertreten die Auffassung, daß die vier Farben und Hofkarten eines jeden Tarotdecks die Kultur und Klassenunterschiede widerspiegeln, die während der Schaffung des Decks existieren. Als Campbell über die Tarotdecks des Mittelalters schrieb, brachte er die Vermutung zum Ausdruck, die Schwerter würden den Adel, Ritter und Soldaten darstellen; die Kelche die Kirche und religiöse Figuren; die Stäbe hätten mit den Bauern und den Landarbeitern zu tun und die Münzen oder Pentagramme mit der neuen aufsteigenden Klasse von Kaufleuten und Handelsleuten. Außerdem wären die Hofkarten - König, Königin, Ritter und Page - Spiegelreflexionen der europäischen Kulturen jener Epoche.

Als wir das *Tarot für das Innere Kind* schufen, war es unerläßlich, die Farben und die Hofkarten neu zu gestalten, um der veränderten Welt der neunziger Jahre und der Dämmerung des Wassermannzeitalters Rechnung zu tragen. Mit unseren Erfahrungen in Findhorn und unserer Konzentration auf das Thema *Kind* wurde schnell klar, wie wir die vier Farben umgestalten würden. Das neue Design hat im Tarot etwas sehr Wichtiges verändert. In unserem *Tarot für das Innere Kind* ist eine spirituelle Energie und Präsenz in den Kleinen Arkana erhalten. Das entspricht der Realität, daß das „normale“ weltliche Leben jetzt auf einer kosmischen, göttlichen Ebene viel reicher ist. In gewisser Weise sind die Magie und das Mysterium der zweiundzwanzig Großen Trümpfe jetzt herabgestiegen bzw. haben den Bereich der sechsundfünfzig kleinen Karten durchdrungen. Dieses Deck bringt dieses Geschehen zum Ausdruck. Sie werden sehen, daß wir den *Pagen*, den *Ritter*, die *Königin* und den *König* in *Kind*, *Sucher*, *Führer* und *Hüter* umbenannt haben. Das sind Namen, Qualitäten und Bilder, die unser gegenwärtiges Leben als Individuen widerspiegeln, die auf der Suche nach Weisheit sind hinter den starren, fest verwurzelten Dimensionen des Lebens in den Höfen Europas vor Hunderten von Jahren.

Da mehr und mehr Menschen auf dem Weg sind, das „innere verwundete Kind“ zu heilen, bietet das *Tarot für das Innere Kind* einen tiefgehenden Zugang zu der verlorenen Unschuld der Kindheit und zur Freude, Reinheit und dem Wunder kindlichen Bewußtseins.

In diesem Zusammenhang ist es interessant zu erwähnen, daß ein neuer Planet - ein Planetoid oder Komet - am 1. November 1977 entdeckt wurde. Er wurde Chiron genannt, nach dem griechischen Zentaur, einem magischen Wesen, das moderne Astrologen und Sucher als den „verwundeten Heiler“ bezeichnen. Barbara Hand Clow hat ausführlich über die Bedeutung von Chiron geschrieben (*Chiron: Regenbogen-Brücke zwischen den inneren und äußeren Planeten*). Unsere Erfahrung zeigt, daß die Stellung von Chiron bei der Geburt eine tiefe Verbindung zu der Notwendigkeit bedeutet, das verwundete Kind zu heilen, bevor wir uns als Erwachsene ganz (= heil) fühlen können. Man beachte die Ähnlichkeit des Begriffs *Chi* in dem englichen Wort *Child* (Kind) und in *Chiron*, und die Verbindung zu *Chi* als das Wort für den Energiefluß in China.

Eine der interessantesten Möglichkeiten für die Arbeit mit einem Tarotdeck ist, es zu einem bestimmten Zeitpunkt zu erwerben. Das kann bedeuten: An dem Tag im Jahr, wenn die Sonne (spirituelle Erleuchtung) über die Stellung von Chiron in Ihrem Geburtshoroskop wandert (Heilung, Ewige Weisheitslehren), Uranus (Intuition, Revolution, Erleuchtung), Neptun (Phantasie, Sensitivität, Mystizismus), oder Pluto (Tiefenpsychologie, Transformation, Tod/Wiedergeburt). Ein Deck wird für Sie „geboren", wenn Sie es käuflich erwerben oder als Geschenk erhalten. Wie ein Mensch, hat auch ein Deck ein Horoskop und besondere Eigenschaften und Attribute. Wenn Sie zu dem Zeitpunkt, an dem die Sonne über einen der oben genannten Planeten wandert, ein neues Deck bekommen, werden seine Karten von Ihren eigenen göttlichen Heilungskräften durchdrungen. (Suchen Sie einen anerkannten Astrologen, um die Daten in jedem Jahr herauszufinden, an denen die Sonne in Ihrem Geburtshoroskop diese Planeten kreuzt. Diese Daten wiederholen sich, mit der Genauigkeit von einem Tag Unterschied, für den Rest Ihres Lebens.)

Wie bereits gesagt, kann das Tarot auf drei Ebenen wirken. Dabei brauchen Sie die Karten persönlich nur zu studieren und zu erfahren, indem Sie zulassen, daß jedes Märchen und jede Geschichte Ihr Herz und Ihre Seele anspricht. Auf diese Weise können Sie auch die Welt der zweiundzwanzig Großen Karten mit denen der sechsundfünfzig Kleinen Karten verbinden und sehen, daß *Der Narr* (*Rotkäppchen*) die Brücke zwischen diesen Welten ist. Sie können auch alle Karten der Großen Arkana von 0 bis XXI auslegen und sehen, wie sie sich auf dem spirituellen Weg zum Göttlichen Kind entfalten. Wir empfehlen Ihnen dringend, zuerst die Beschreibungen aller achtundsiebzig Karten sorgfältig und langsam durchzulesen. Dabei werden Sie die Vorstellungen und Bilder in Ihrem Unterbewußtsein speichern - ein wichtiger Schritt, bevor Sie das *Tarot für das Innere Kind* als Orakel oder Wahrsagesystem verwenden.

Bevor Sie weiterlesen, sollten Sie noch die Definitionen für die Begriffe *Orakel* und *Divination* lernen. Das *Wörterbuch für die englische* Sprache von *Random House* definiert *Orakel* wie folgt:

„1. Eine göttliche Äußerung durch einen Gott, durch einen Priester oder eine Priesterin in Beantwortung einer Frage."

Unter *Divination* heißt es:

„1. Der Versuch, zukünftige Ereignisse oder verborgenes Wissen mit okkulten oder übernatürlichen Mitteln vorauszusagen.

2. Weissagung; Prophezeiung."

In einem anderen Kapitel werden wir mehrere unterschiedliche Legesysteme untersuchen, aber es ist wichtig, den richtigen Bewußtseinszustand zu entwickeln, wenn Sie die Karten zum Wahrsagen verwenden möchten.

Wir glauben, es gibt nicht nur *einen* richtigen Weg, um sich für eine Wahrsagesitzung vorzubereiten. Das wichtigste ist, sich zu entspannen, die Atmung zu beruhigen, bequem zu sitzen und Herz und Verstand Ihrem innersten Reservoir an Friede und Freude zu öffnen. Einige von Ihnen möchten vielleicht eine Kerze anzünden und/oder eine Duftmischung verbrennen. In der ruhigen Zitadelle Ihres Herzens und Ihres Verstandes öffnen Sie sich den erzieherischen Stimmen Ihrer spirituellen Lehrer und Führer. Hilfreich ist es, einen besonderen Platz in Ihrem Heim für diese Tarotsitzungen zu schaffen. Vielleicht können Sie einen Altar mit Lieblingsgegenständen bauen - Steinen, Edelsteinen, Federn, Fotografien, Erinnerungen. Schaffen Sie ein Ritual, das sich für Sie gut anfühlt.

Hier ein weiterer Schlüssel für die Verwendung des *Tarot für das Innere Kind* für Weissagezwecke: Sie können die Karten für sich selbst, für einen Freund oder eine Freundin, ein Familienmitglied oder einen Klienten oder eine Klientin legen, oder jemand anderes legt die Karten für Sie. Einflußreiche Persönlichkeiten haben gewarnt, die Karten für sich selbst zu legen. Das ist jedoch in Ordnung, so lange Sie auf Objektivität achten und ein ehrfürchtiges mentales und spirituelles Verhalten an den Tag legen. Wenn Sie eine Schlüsselfrage haben, die beantwortet werden soll, schreiben Sie sie auf einen Zettel und legen Sie diesen vor sich hin. Vielleicht möchten Sie auch während der Deutung Notizen machen oder die Sitzung auf einer Kassette mitschneiden. Lassen Sie Ihren Geist, wenn die Karten erscheinen, „frei assoziieren". Wenn eine ältere männliche Person in einer Karte wie Ihr Großvater aussieht, ziehen Sie diesen Hinweis nicht in Zweifel. Vielleicht ist Ihr gutherziger und sensitiver Großvater ein wichtiges Bild und ein innerer Archetyp für Sie, den Sie gerade jetzt richtig verstehen müssen. Wenn ein kleines Mädchen oder ein kleiner Junge Sie an Ihre Tochter oder Ihren Sohn erinnert oder an sich selbst als Kind, folgen Sie diesem intuitiven Einfall. Vielleicht fördert die Bedeutung der Karte einen verborgenen Schatz zutage.

Letztlich ist nur eines wichtig: Fühlen Sie sich frei, aus Ihren Karten eine Geschichte zu zaubern. Sie können alle Karten zu einer Handlung, einem Roman oder einem Abenteuer verweben und Antworten auf die schwierigsten Fragen finden, solange Sie an sich selbst und Ihr spirituelles Schicksal glauben. Je öfter Sie mit dem *Tarot für das Innere Kind* arbeiten und spielen, desto stärker wird Ihre Intuition werden. Wenn Sie sich nicht auf einen einzelnen Bereich Ihres Lebens konzentrieren, wird das Spiel viele Facetten Ihrer gegenwärtigen Erfahrung berühren. Denken Sie daran: Das Deck ist ein Freund! Dann wird Ihr Spiel zu einem schöpferischen, feinstofflichen Spiegel Ihres inneren Selbst und der wechselnden Realität werden.

Es ist auch wichtig, wie Sie die Karten aufbewahren. Wir halten es für eine sehr gute Idee, das Deck in ein Seidentuch einzuwickeln oder in eine bestickte Seidentasche zu legen. Oder in eine schöne geschnitzte Schachtel, die mit besonderen Erinnerungen verbunden ist.

Mit Kindern spielen

Wenn Sie dieses Tarot mit Kindern „spielen“, empfehlen wir Ihnen, es nicht zu kompliziert zu machen. Seien Sie kreativ und phantasievoll!. Unser Ziel beim Entwerfen dieses Decks war es, die Unschuld und das Erstaunen eines kindlichen Herzens zu erwecken. Es gibt viele Möglichkeiten. Hier einige Ideen und Vorschläge, diese achtundsiebzig Geschichten für junge Menschen mit Leben zu füllen.

Kinder möchten berühren und Dinge anfassen. Sie lieben es, die Welt um sie herum zu untersuchen und zu „begreifen“. Die Karten sind eine wunderbare Möglichkeit, ihre blühende Phantasie einzusetzen. Allein schon, die Karten zu mischen und in der Hand zu halten, kann ihre Neugier und Faszination wecken. Wenn Sie das Deck Kindern nahebringen, sollten Sie die besonderen und kostbaren Qualitäten der Karten als bildhafte Freunde, Lehrer und Führer beschreiben. Dies fördert das Gefühl des Respekts der Kinder, während sie lernen, mit den Karten zu spielen und sich auf die farbigen und phantasievollen Visionen einzustellen, die das Deck bietet.

Diese Karten können als ruhiges und meditatives Mittel oder als Medium für Spaß und Spiel verwendet werden. Wir hoffen, Sie werden die Kinder dazu ermutigen, Geschichten zu erzählen und zu visualisieren. In einer Zeit der Hochtechnologie von Fernsehen und Video muß man den Kindern der westlichen Kultur ihre Träume und Visionen auf einem „silbernen Tablett“ präsentieren. Ihr ursprünglicher Drang nach Magie und Teilnahme am kreativen Spiel ist durch Passivität ersetzt worden. Für viele Kinder ist der schöpferische Prozeß, mit ihren Phantasien umzugehen, zum reinen Zuschauersport geworden. Wir hoffen, es ist uns gelungen, die Vorstellung, daß jeder von uns das göttliche Feuer der schöpferischen Leidenschaft in sich trägt, wieder populär zu machen. Indem wir unsere Träume zum Ausdruck bringen, wecken wir das Potential unseres persönlichen Phantasiereichtums.

Es gibt viele Wege, einem Kind die Karten nahezubringen. Sie können die zweiundzwanzig Großen Arkana in einem Bogen fächerartig auslegen und das Kind eine Karte aussuchen lassen. Diese wird dann zu der Geschichte, die Sie miteinander teilen. Sie können alle achtundsiebzig Karten auslegen und das Kind aus dem vollständigen Deck wählen lassen. Jedes Bild, das auftaucht, kann die Idee für ein Erlebnis oder ein Spiel sein. Ermutigen Sie das Kind, in jeder Karte seine eigene Bedeutung zu finden und zu entdecken. Vielleicht wehrt es sich zuerst. Hier können Sie ein Beispiel an Spontanität bieten.

Es macht Spaß, die Karten beim Wandern oder zum Picknick mitzunehmen. In einer Pause können Sie das Deck herausholen und jeden Beteiligten eine „Spielkarte" wählen lassen. Die Überraschung des Tages ist dann, wie jeder der Teilnehmer mit seinem Bild oder seinem Märchen umgeht. Die Karten draußen in der Natur einzusetzen ist eine besonders schöne und bereichernde Aufgabe.

Eine entspannende Möglichkeit, einen stressigen Tag zu beenden, ist, die Karten beim Schlafengehen zu verwenden, denn es sind die Bilder des Tages, die uns in der Nacht beschäftigen. Ein besonderes Deck könnte auf dem Nachttisch des Kindes liegen oder auf dem Buchregal und das Aussuchen einer „Traumkarte" zum abendlichen Ritual werden. Das ist auch eine Chance für

Kinder, die abends vor dem Einschlafen Angst haben, denn ein entsprechendes Bild könnte unter seinem Kopfkissen als Schutz plaziert werden, oder Sie legen abends Karten wie *Der Schutzengel*, *Die Feenkönigin* oder *Der Zauberstern* auf den Nachttisch neben das Bett.

Auch an Feiertagen und Festtagen läßt sich das Deck sehr gut verwenden. Einige Karten können als Tischdekorationen dienen - so etwa *St. Nikolaus* zwischen den Strümpfen am Nikolaustag. Die Karte *Sechs Stäbe* (die Maibaumtänzer) könnte am 1. Mai in der Nähe einer Vase mit frisch geschnittenen Blumen liegen, um den Geist des Frühlings zu wecken, und die *Sieben Kristalle* (das Kind mit der Menora) in die Nähe der Chanukah-Kerzen (altjüdisches Lichterfest) gelegt werden. Es gibt viele Möglichkeiten, einschließlich Ostern (*Mutter Gans*), der Sonnenwende und der Tag- und Nachtgleichen (*Die gelbe Ziegelsteinstraße*) und Geburtstage. Am Geburtstag kann das Deck ausgelegt, eine Karte ausgesucht und diese als Geburtstagskarte des Kindes interpretiert werden.

Alle diese Vorschläge lassen sich je nach Ihrer Familie, Ihren Freunden oder Partnern und Partnerinnen ändern. Letztendlich geht es darum, mit den Karten zu verschmelzen und sie ihre eigene Sprache sprechen zu lassen. Diese Beispiele gelten für Kinder jeden Alters von 1 bis 100 und darüber hinaus! Lassen Sie das Kind in Ihrem Herzen spielen. Genießen Sie es!

Legesysteme

Bevor Sie die Karten mischen, wählen Sie für Ihre Legung ein besonderes Muster. Das ist ein wichtiger Prozeß, da die geistige Wahl für die Auslegung Ihr Unterbewußtsein unmittelbar „konditioniert" und es diesem erlaubt, auf magische Weise die richtigen Karten für die besonderen Positionen im Legebild auszuwählen.

Die Karten zu mischen ist ein weiteres wichtiges Ritual. Jeder Mensch hat in dieser Hinsicht seinen eigenen Stil, und wir schlagen nur vor, mit Feinfühligkeit und Sorgfalt an die Sache heranzugehen. Achten Sie darauf, daß Sie Ihre Schwingungen in die Karten bringen, damit diese auf Ihre tiefsten Sehnsüchte, Wünsche und spirituellen Bedürfnissen eingehen können. Auf mysteriöse Weise wird Ihr Unterbewußtsein das Mischen und die Auswahl der Karten steuern. Lassen Sie sich treiben und öffnen Sie sich dem Wunder und der Freude des verborgenen Königreichs der Weisheit in Ihrem Herzen.

Wenn Sie die Karten aus dem gemischten Deck auswählen, breiten Sie sie zuerst wie einen Fächer aus, in dem Sie die Vorderseite der Karten nach unten legen. Nehmen Sie dann Ihre linke Hand, um eine Karte auszuwählen. Die rechte Seite Ihres Gehirns kontrolliert und steuert die linke Seite Ihres Körpers. So bedeutet Ihre linke Hand eher eine Anpassung an Ihre phantasievolle und intuitive rechte Gehirnhälfte, während Ihre rechte Hand mehr mit der rationalen, logischen linken Gehirnhälfte verbunden ist.

Falls Sie jedoch Linkshänder sind, gilt das Umgekehrte. Wenn Sie die Karten ausbreiten, legen Sie sie immer mit dem Bild nach unten, bis Sie bereit sind, die Karten zu lesen.

Eine andere wichtige Empfehlung bezieht sich auf „umgedrehte Karten". Viele Tarotlehrer und Autoren vertreten die Auffassung, daß Karten, die auf dem Kopf stehen, das Gegenteil oder Umgekehrte der „richtig" liegenden Karten bedeuten. Wir schlagen vor, daß Sie den Gedanken, irgendwelche Karten lägen „falschherum", beiseitelassen und nur dafür sorgen, daß jede Karte richtig herum liegt. Als die Tarotdecks entstanden, haben ihre Erfinder viele Stunden damit verbracht, wunderbare Kunstwerke zu schaffen. Die Idee, eine umgekehrte Karte hieße, die Bedeutung der Karte umzudrehen, scheint eine negative Verwendung des Decks miteinzuschließen. Indem Sie die Vorstellung einer umgekehrten Bedeutung akzeptieren, gibt dies dem Teil des Gehirns Nahrung, der Dualität, Polarität und Trennung betont. Des weiteren führt Sie der Versuch, eine umgekehrte Karte und ihre Botschaft zu analysieren, von der göttlichen Führung weg, die von Ihrem Unterbewußten und den höheren Lehrern durch die Bilder der Karten in Ihre Persönlichkeit fließt. Jede Karte wird zu Ihnen sprechen, aber nur, wenn Sie das Bild so anschauen, wie es ursprünglich gezeichnet und gemalt wurde.

Legesysteme

DER WUNSCHBRUNNEN

Nach der Meditation und dem Mischen breiten Sie die Karten im Uhrzeigersinn wie einen Fächer aus. Das führt zu dem Legebild *DER WUNSCHBRUNNEN*. Nehmen Sie aus dem Kreis eine Karte, drehen Sie sie um und legen Sie sie in die Mitte des Brunnens (in den Kreis).

Das ist eine ideale Anordnung, wenn Sie eine Antwort auf eine bestimmte Frage suchen und wirklich *wünschen*, in die Tiefen Ihrer eigenen Seele hinabzusteigen. Bedenken Sie, daß diese eine Karte, die Sie gewählt haben, ein spiritueller Spiegel Ihres Leben in diesem einen Moment ist. Aus dem gesamten Universum der achtundsiebzig Bilder des *Tarot für das Innere Kind* haben Sie dieses Bild als Katalysator für Veränderung und Inspiration gewählt. Bedenken Sie auch, wie außergewöhnlich es ist, daß aus irgendeinem unbekannten Grund siebenundsiebzig andere Karten in diesem Augenblick nicht zu Ihnen sprechen wollen. So, als ob Sie eine Glücksmünze oder einen Glücksstein in einen scheinbar bodenlosen Wunschbrunnen werfen, taucht aus dem geheimen Brunnen der Weisheit und Liebe Ihres Herzens ein Geschenk auf - in diesem Fall als Karte. Hüten Sie diese Offenbarung Ihres Inneren Kindes wie einen Schatz.

Dieses Legemuster kann auch von einer Gruppe als Beginn einer Versammlung oder einer Zusammenkunft gewählt werden. Jeder der Teilnehmer darf die Karten mischen, und jeder in der Gruppe darf helfen, die Karten fächerartig in einem Kreis auszulegen. Dann kann eine Person, die von der Gruppe ausgewählt wurde, sorgfältig und sensitiv die eine Karte auswählen, die die Zielsetzung der Gruppe in den gemeinsamen Tagen und Wochen symbolisch darstellen soll.

Bedenken Sie: Die Macht und Magie des Legesystems *DER WUNSCHBRUNNEN* rührt von der Tatsache her, daß nur eine Karte gewählt wird, um die Mysterien des Lebens zu enthüllen. In der Numerologie bildet die 1 den Schlüssel zu Einheit, Ganzheit und spiritueller Stärke.

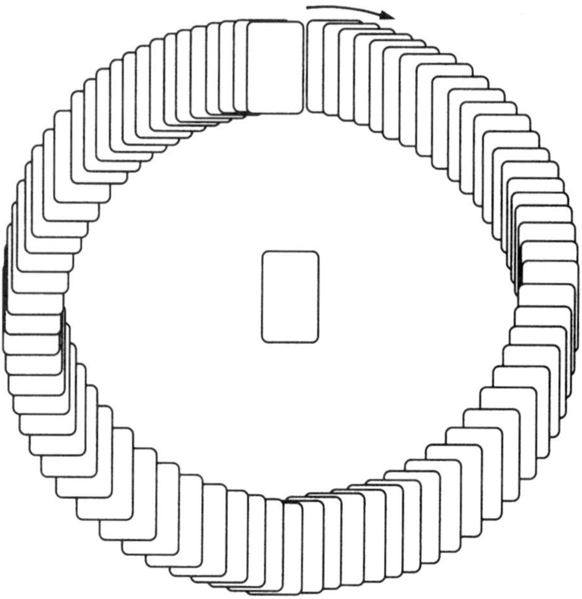

Legemuster *DER WUNSCHBRUNNEN*

WAS LIEGT UM DIE ECKE?

Dieses Muster ist unsere Version einer einfachen Auslegung mit diesen drei Karten, je eine für Vergangenheit, Gegenwart und Zukunft. Die Zahl 3 hat immer etwas zu tun mit Synthese, Kreativität, Freude und göttlicher Inspiration.

Nach dem fächerartigen Auslegen der Karten wählen Sie aus dem Deck drei Karten für das erste Haus (Vergangenheit), die Ecke (Gegenwart) und das Haus um die Ecke (die Zukunft), indem Sie die Karten von rechts nach links plazieren. So wie ein Kind vielleicht auf dem Fahrrad von seinem Heim aus um die Ecke fährt zum Haus eines Freundes oder einer Freundin, so verlassen Sie gegenwärtig eine Realität und gehen um die Ecke in eine neue Erfahrung. Vergangenheit, Gegenwart und Zukunft sind zu verstehen, als würden Sie eine neue Richtung einschlagen.

Legemuster *WAS LIEGT UM DIE ECKE?*

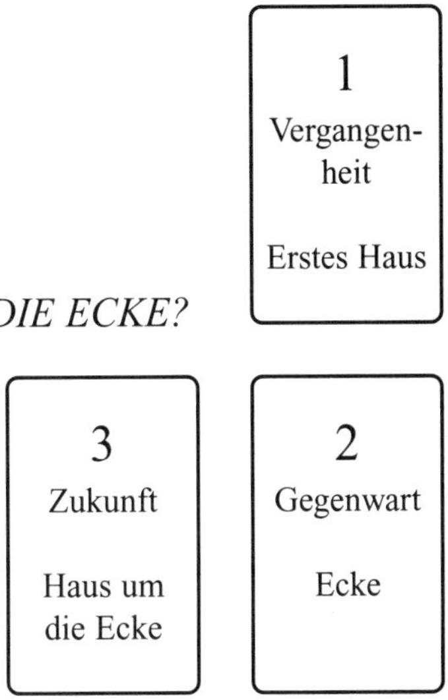

Während Sie mit diesem Legebild eine Geschichte erzählen können, hilft es Ihnen auch herauszufinden, daß jede Aktion eine Reaktion zur Folge hat, die nach einer möglichen Lösung verlangt. Die Alten verstanden unter der Dreiheit ein System aus These, Antithese und Synthese. Alle dreifachen Legemuster können Ihnen helfen, Körper, Verstand und Geist in einer bereichernden, erstaunlichen Weise zu integrieren.

DAS KIND

Hierbei handelt es sich um ein Legesystem mit fünf Karten, voller Wunder und Magie. Nachdem Sie die Karten wie einen Fächer ausgebreitet haben, wählen Sie fünf aus dem Deck aus und legen Sie diese, mit dem Bild nach unten, in einer Reihe von links nach rechts. Um die Bedeutung jedes Musters zu verstehen, betrachten Sie die spirituelle Bedeutung jedes Buchstabens in dem Wort *child* (im englischen „Kind“).

Die Karte 1 steht für den Buchstaben *C*. Dieser Buchstabe ist der erste Buchstabe des Wortes *child* und sieht aus wie ein Halbmond. Die Karte an dieser ersten Position symbolisiert Ihre Empfänglichkeit für die Welt um Sie herum - Ihre Offenheit für die kosmischen Kräfte, die Ihr Schicksal formen.

Die Karte 2 steht in Verbindung mit dem Buchstaben *H*. Dieser Buchstabe sieht aus wie eine Leiter. Die Karte an der zweiten Stelle zeigt, wie Sie auf Ihren inneren Sprossen höhersteigen, um eine neue Ebene spirituellen Verständnisses zu erreichen.

Die Karte 3 steht für den Buchstaben *I*. Ist es nicht erstaunlich, daß das Zentrum des Wortes *child* der Buchstabe *I* ist, als Symbol für Persönlichkeit, Unabhängigkeit, oder das *I* (im Amerikanischen = „ich“) oder *Ego*, das sich im Inneren entwickelt? Die Karte an dieser dritten Stelle im Legebild bedeutet eine zentrale Realität in Ihrem Leben, ein bestimmtes Ziel, eine „Änderung im Herzen“, die Ihre Existenz transformieren kann.

Die Karte 4 steht in Verbindung mit dem Buchstaben *L*. Die Karte an dieser Stelle symbolisiert das neue *Leben*, das Sie ständig schaffen, die *Liebe*, die Sie anziehen und mit anderen teilen, und *lex* (Ordnung) der Welt, die Sie verstehen müssen.

Die Karte 5 steht in Verbindung mit dem Buchstaben *D*. Im hebräischen Alphabet heißt der Buchstabe *D daleth* und bedeutet eine Tür. Die Karte in der fünften Position dieser Legung ist Ihre Tür in die Welt und die Herausforderungen und Chancen unmittelbar vor Ihnen. Die Karte an dieser Stelle bedeutet auch „Ihr ureigenster Kern“, der einmalige Aspekt Ihres Lebens, der oftmals schwer zu ergründen und beinahe unmöglich zu beschreiben ist.

Es ist wichtig festzustellen, daß in der Numerologie das Wort *child* die 36 ergibt, die dann zur 9 addiert wird. CHILD = 3 + 8 + 9 + (12) + 4 = 36/9. Jeder Buchstabe des Alphabets entspricht einer Zahl, die auf der Position des Buchstabens in der 26er Sequenz basiert. Das heißt: a) A = 1, H = 8, L = 12 (kann auf 3 reduziert werden), X = 24 (kann auf 6 reduziert werden), usw.

Warum sollte die 9 eine so große Bedeutung für das Bewußtsein des Kindes haben? Das ist Teil des Mysteriums des Lebens. Was wir wissen, ist, daß der menschliche Embryo neun Monate der Schwangerschaft braucht, um sich zu entwickeln, und es gibt neun Grundzahlen (nach der 9 wiederholen sich die Zahlen auf einer höheren Ebene).

Als wir dieses Buch schrieben und über die Bedeutung der Karten für das Innere Kind in den frühen neunziger Jahren nachdachten, spürten wir eine besondere Beziehung zwischen dem Inneren Kind und der Zahl 9. Jetzt ist klar, daß diese Verbindung existiert und die zehn letzten Jahre des zweiten Jahrtausends eine wichtige Dekade sind für die Heilung des Inneren Kindes und das Erkennen der Bedürfnisse der Kinder auf der ganzen Welt. Um bei diesem Thema zu bleiben: Es ist höchst bedeutsam, daß der Planet der Heilung und des Schlüssels zur Ewigen Weisheit, Chiron, von 1991 - 1993 durch das Zeichen des Löwen wanderte - zum ersten Mal in beinahe fünfzig Jahren. Der Löwe ist das Hauptzeichen im Zodiak, das mit allen Aspekten des kindlichen Bewußtseins zu tun hat.

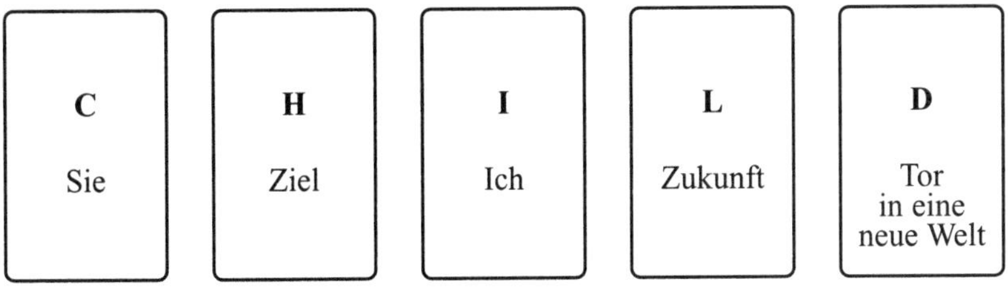

Legemuster *DAS KIND*

DER REGENBOGEN

Alle Legesysteme mit sieben Karten bergen ein Element der Verzauberung und des Mysteriums in sich. Der Regenbogen aus sieben Farben wurde seit jeher als Verbindung zwischen der Welt des Spirituellen und der Menschen angesehen. Er ist ein Zeichen himmlischer und irdischer Magie und des gegenseitigen Durchdringens dieser Welten.

Breiten Sie die Karten in der üblichen Weise fächerartig aus und wählen Sie dann sieben Karten frei aus dem Deck. Legen Sie sie in einem Bogen von links nach rechts, wobei die ersten drei Karten nach oben zur vierten Karte führen und die letzten drei Karten wieder in einem Bogen hinuntergehen und das Muster vollenden.

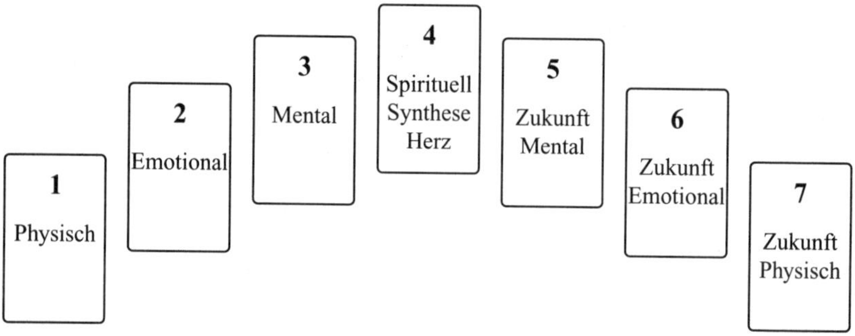

Legemuster *DER REGENBOGEN*

Es gibt mehrere Möglichkeiten, die Karten dieses Bildes zu interpretieren. Die einfachste ist, die Karten eins, zwei und drei als Symbol für Ihre physische, emotionale und mentale Entwicklung in der jüngsten Vergangenheit anzusehen. Karte vier steht für die Synthese dieses Wachstums oder die Erfahrung in diesem Augenblick, eine spirituelle Wandlung, die erkannt werden muß.

Die Karten fünf, sechs und sieben sind Spiegelungen Ihrer künftigen geistigen, emotionalen und physischen Entwicklung. In diesem Muster finden sich subtile, aber dennoch wichtige Verbindungen zwischen den Karten eins und sieben, zwei und sechs sowie drei und fünf - wobei die vierte Karte als verbindendes Herz des Bildes gilt.

Die sieben Farben und die sieben Chakren (die Zentren im ätherischen Körper) können auch mit den sieben Karten im Legesystem *DER REGENBOGEN* Verbindung haben. Daher kann Ihnen die Bilderfolge bei dieser Anordnung wirklich helfen zu verstehen, ob ein Teil Ihres Körpers Heilung oder ein Aspekt Ihrer Persönlichkeit Nahrung braucht. Sehr inspirierende Karten, die für ein besonderes Chakra stehen, können die Notwendigkeit bedeuten, in jenem Bereich zur wahren Blüte zu kommen. Oder das Auftreten einer besonderen Karte in Verbindung mit einer Farbe ist ein Zeichen dafür, daß Sie vielleicht öfter Kleider in jener Farbe tragen oder mit Nahrungsmitteln in jener Farbe Ihre Ernährung ergänzen sollten.

Die Zahl 7 ist auch von besonderer Bedeutung für den Ausdruck der Seele. In einigen spirituellen Schulen heißt es, die Seele würde die Kontrolle über den physischen Körper im Alter von sieben Jahren übernehmen. Dann soll das *Ego* oder das *Ich* vollständig im Kind inkarnieren, wobei die nächsten sieben Jahre vor allem dem emotionalen Wachstum dienen (von 8 - 14). Dann kommen sieben Jahre, in denen der mentale Ausdruck und die mentale Entwicklung besondere Bedeutung haben (15 - 21). Es folgen sieben weitere Jahre spiritueller Reifung (22 - 28), ein Zyklus, der in unserer westlichen Kultur, die sich auf Materialismus und Geldgewinn konzentriert, oft ignoriert wird.

HIMMEL-UND-HÖLLE

Eines der frühesten, bei Kindern so beliebten Spiele ist *HIMMEL-UND-HÖLLE*. Es gibt mehrere Variationen dieses Spiels; die, die wir ausgewählt haben, hat zehn Kästchen. *HIMMEL-UND-HÖLLE* wird gespielt, indem man mit dem Fuß einen Stein in die numerierten Kästchen kickt und dann in die Kästchen springt oder hüpft, um sich den Stein wiederzuholen, und dann in die Originalposition zurückkehrt. Um dieses Spiel zu gewinnen, muß man den Stein in jedes numerierte Kästchen stoßen, ohne eine Linie zu berühren. Während man hüpft, um den Stein wiederzuholen, darf man nicht mit dem Fuß auf eine Linie kommen. Gewonnen bei diesem Spiel hat das erste Kind, dem es gelingt, den Stein in alle zehn Kästchen zu schieben und in die Startposition zurückzuhüpfen, nachdem es den Stein aus jedem Kästchen wiedergeholt hat.

Es ist sehr interessant, daß das *HIMMEL-UND-HÖLLE-SPIEL* mit seinen zehn Kästchen den zehn Energiezentren (Sefirot) im Baum des Lebens der hebräischen Kabbala entspricht. Der Baum des Lebens ist eines der großen Mysterien in der esoterischen Philosophie. Es ist ein System oder ein Modell, um das spirituelle Dasein, das Leben auf der Erde und die Wunder der menschlichen Entwicklung zu verstehen und zu betrachten. Der Baum des Lebens steht mit den zweiundzwanzig Buchstaben des hebräischen Alphabets und den zweiundzwanzig Karten der Großen Arkana des traditionellen Tarots in Verbindung.

HIMMEL-UND-HÖLLE stellt in seiner Art und Weise den „Baum des Lebens“ für das Kind dar. Es lehrt das Kind Disziplin, Geduld, Konzentration, Koordination, Gelassenheit, Gleichgewicht, Zielorientiertheit und sogar elementare Mathematik. Es ist eine Sache für ein Kind, mit dem Verstand zu zählen, und eine andere, im Rahmen eines Gemeinschaftsspiels durch die Zahlen zu hüpfen und sie als wirkliches Spiel des Lebens zu erfahren.

Nachdem Sie die Karten fächerartig ausgebreitet haben, wählen Sie zehn beliebige Karten aus dem Deck und legen Sie sie vor sich hin wie beim *HIMMEL-UND-HÖLLE-SPIEL*. Die Bedeutungen für jede Position sind in der nachfolgenden Zeichnung angegeben.

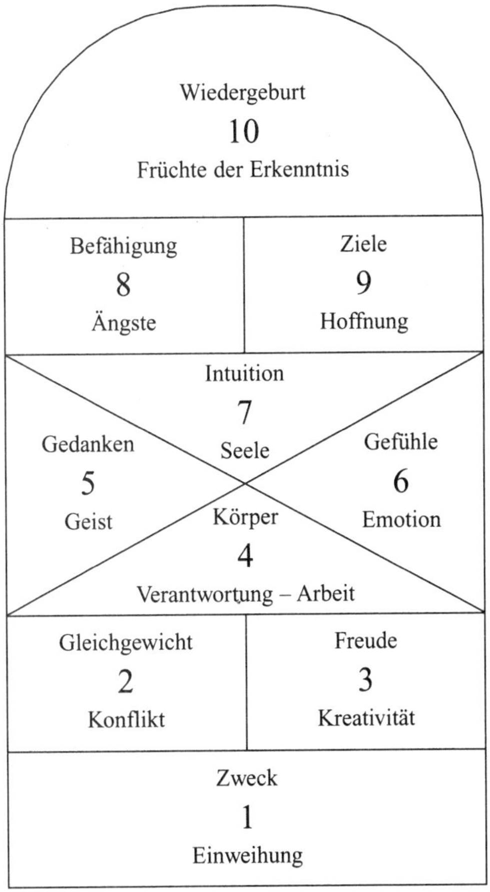

Legemuster *HIMMEL-UND-HÖLLE*

Diese Bedeutungen entsprechen den Leitgedanken der ersten zehn Zahlen. Sie werden auch feststellen, daß, wie in dem Legemuster *DER REGENBOGEN*, ungewöhnliche Wechselbeziehungen zwischen numerierten Legesystemen bestehen. Eins gleicht die zehn aus, zwei enthüllt eine Verbindung zu neun und drei zu acht. In der Mitte von *HIMMEL-UND-HÖLLE* erfahren wir die vier Aspekte unseres zentralen Selbst - das physische, emotionale, mentale und spirituelle Universum, in dem wir leben. Die ersten drei Karten können für unsere eigene innere göttliche Dreieinigkeit stehen, und die letzten drei Bilder für die dreieinige Synthese der Erfahrungen, die uns auf den äußeren Ebenen erwarten.

DIE WENDELTREPPE

Jeder, der eine Schwäche für geheimnisvolle Romane und spannende Filmklassiker hat, wird die Form der Wendeltreppe erkennen. Aber was bedeutet sie wirklich? Seltsamerweise ist sie eine Reflexion des spiralförmigen Moleküls der DNA, die den genetischen Code prägt, jenes einmalige innere Muster, das einen Menschen unverwechselbar von allen anderen unterscheidet. In diesem Zusammenhang ist es faszinierend festzustellen, daß es sich bei den Bausteinen, die die DNA zur Bildung der menschlichen Proteine verwendet, um Aminosäuren handelt und daß es ursprünglich zweiundzwanzig Aminosäuren sind, die aktiv in jeder menschlichen Zelle arbeiten. Dies enthüllt vielleicht eine bisher unbekannte Verbindung zwischen den zweiundzwanzig Karten der Großen Arkana des Tarots, den zweiundzwanzig Buchstaben des hebräischen Alphabets und den zweiundzwanzig „Bausteinen" des zellularen Inneren Kindes.

Die *WENDELTREPPE* mag auch als Symbol für die schlangenartige Kundalini-Energie und Kraft stehen, die sich wie eine Schlange am Wurzelchakra eines jeden Menschen zusammenrollt, jederzeit bereit, befreit zu werden und in einem Augenblick spiritueller Einweihung einem menschlichen Wesen zu Erleuchtung zu dienen. Schließlich ist diese Treppe auch die stufenweise Entfaltung unseres Lebens auf diesem Planeten. Sie kann für die Entwicklung unseres reinkarnierten Selbst oder die Fortschritte, die Jahr für Jahr stattfinden, in einem einzigen Leben stehen.

In unserer Version hat *DIE WENDELTREPPE* zweiundzwanzig Stufen. Dieses Muster ist für einen Menschen geeignet, der die ersten zweiundzwanzig Jahre eines Lebens anschauen möchte. Jede Karte steht für ein Jahr. Eine andere Möglichkeit dieses Legesystems ist die Anordnung von drei mal sieben Karten, wobei die letzte Karte oben drüber gelegt wird und praktisch die Synthese des gesamten Bildes darstellt. Auf diese Weise stehen die ersten sieben Karten für die physische Entwicklung, die zweiten sieben für das emotionale Wachstum und die dritten sieben für die mentale Entwicklung. Die zweiundzwanzigste Karte ist der Zenit oder die Spitze, das spirituelle Leben, das den Sucher auf dem Pfad leitet.

Weil dieses System zweiundzwanzig aktuelle Plazierungen hat, birgt es eine enorme Kraft. Die Zahl zweiundzwanzig steht auch in Verbindung mit der 0 (die beiden Zahlen bedeuten Ende und Beginn der Großen Arkana), mit dem Planeten Uranus (dieser steht für Revolution, Veränderung, Intuition, Durchbruch) und mit der Fähigkeit, Brücken höheren Bewußtseins zu bauen, die die Persönlichkeit mit der Seele verbinden.

Wie bei den anderen Legemustern breiten Sie zuerst die Karten fächerförmig aus und wählen dann zweiundzwanzig aus dem gesamten Deck. Oder Sie nehmen nur die zweiundzwanzig Großen

Arkana. Nachdem Sie die Karten gemischt haben, legen Sie jede Karte der Großen Arkana als Stufe in Form einer Wendeltreppe. Jede Karte bedeutet eine gewisse Erfahrung oder Entdeckung in den ersten zweiundzwanzig Lebensjahren. Vergessen Sie nicht, dieses Muster aufzuschreiben oder die Deutung auf einem Kassettenrekorder mitzuschneiden, vor allem, wenn es um ein neugeborenes Baby oder ein Kleinkind geht, das Führung braucht. Vielleicht legen Sie *DIE WENDELTREPPE* mit den Eltern eines Kindes, wobei jedes Elternteil elf Karten für das Kind auswählt. So wird diese Sitzung zu einer gemeinsamen harmonischen Erfahrung beider Elternteile.

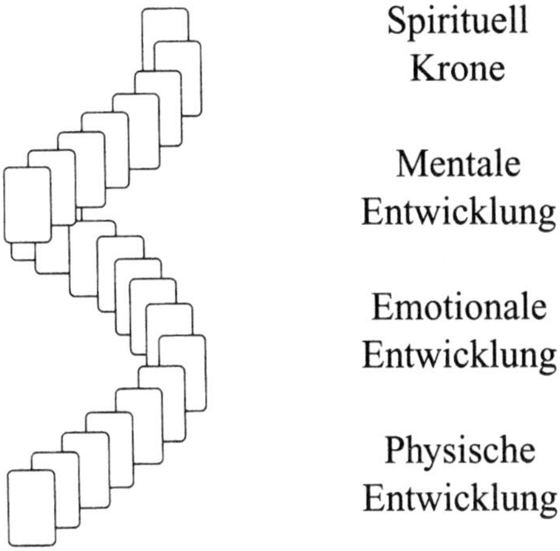

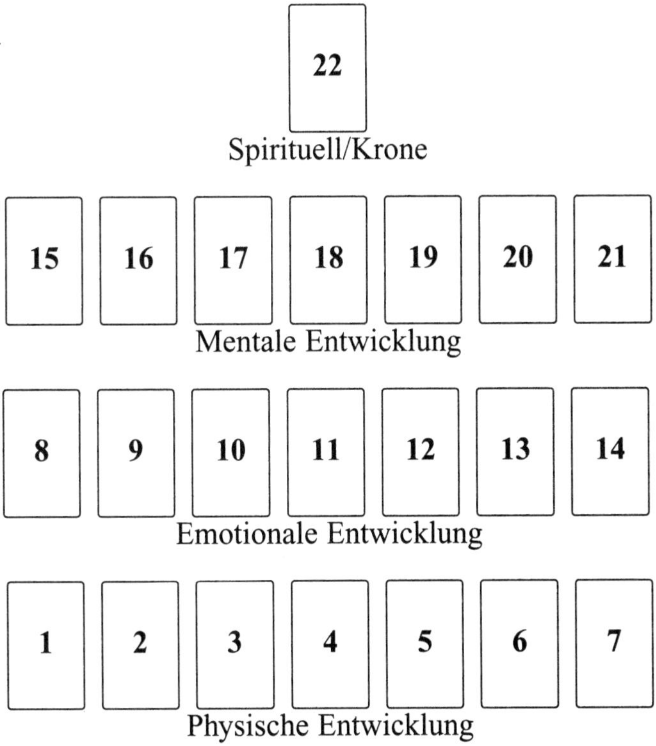

Legemuster *DIE WENDELTREPPE*

II

Die Großen Arkana

Einführung

Während wir uns nun den zweiundzwanzig Karten der Großen Arkana zuwenden, wollen wir kurz zusammenfassen, was wir bisher gelernt haben. Das System des Tarots ist ein Schlüssel, die Geheimnisse der Ewigen Weisheit zu entdecken. Jedes Deck, das entsteht, ist ein Spiegel der Kultur, der Planetenbilder, Gesetze und Prinzipien seiner Zeit. Im kollektiven Unbewußten der Menschheit gibt es verborgene Archetypen, die als Pfad durch die zweiundzwanzig Großen Arkana oder Stationen des königlichen Wegs der spirituellen Entwicklung sichtbar und manifest gemacht werden können. Einer der wichtigsten Aspekte, Schüler eines höheren oder esoterischen Wissens zu sein, ist die Fähigkeit, auf seinem individuellen Pfad des Schicksals zu bleiben. Jeder von uns hat einen besonderen Zweck im Leben, der sich im Laufe der Zeit offenbart. Die Karten der Großen Arkana, klug und intuitiv verwandt, helfen, die Bedeutung jenes Lebensziels und den stufenweisen Prozeß zu enthüllen, durch den es sich entfaltet. Das *Tarot für das Innere Kind* erweckt die magischen Abenteuer des Inneren Kindes zum Leben und läßt uns die verlorene Unschuld, Reinheit, Freude, das Erstaunen und die Liebe im Herzen des Kindes wiederentdecken. Wie bereits erwähnt, verbergen sich hinter der Großen Arkana Märchen und Kindererzählungen als Archetypen. Diese Märchen haben eine einmalige Art, die Geschichte der Karten zu erzählen. Wenn wir unsere Aufmerksamkeit direkt auf die Großen Arkana lenken und damit beginnen, die Bilder und Bedeutungen miteinander zu verweben, setzen sich bestimmte Ideen fest. Die Großen Arkana sind nicht nur ein Weg des menschlichen Lebens, sondern sie stehen auch für den Prozeß von Tod und Wiedergeburt auf spiritueller Ebene. Die Großen Arkana enthüllen den Pfad der persönlichen Leistungen, die Lektionen, die vor uns liegen, durch die wir intime Beziehungen und Freundschaften erfahren, und die Herausforderungen und Chancen, die uns erwarten, wenn wir uns einem spirituellen Leben widmen.

Bei der Zahl der Großen Arkana taucht eine Frage auf. Warum zweiundzwanzig? Da wir nicht genau wissen, wann das Tarot entstanden ist und wer das System geschaffen hat, können die folgenden Gedanken nur Vermutungen sein. Wenn wir uns den Kosmos und das Sonnensystem anschauen, erkennen wir acht Planeten, die Sonne und den Mond und zwölf Tierkreiszeichen. Wenn man dies alles zusammenzählt, bekommt man zweiundzwanzig himmlische Einflüsse - einen für jeden der Großen Arkana. Viele Forscher haben das bildnishafte hebräische Alphabet mit den zweiundzwanzig Buchstaben mit den Karten der Großen Arkana des Tarots in Verbindung gebracht. Es gibt sicherlich eine starke Verbindung zwischen diesen alten Buchstaben und den Symbolen oder Archetypen der zweiundzwanzig Karten des Tarots.

Aber in zwei weiteren Bereichen finden wir die Zahl zweiundzwanzig als dynamische Ausdrucksform: (1) Das Buch der Offenbarung, mit dem das Neue Testament der Bibel endet, hat zweiundzwanzig einzelne Kapitel; und (2) es gibt zweiundzwanzig unterschiedliche Bausätze (Aminosäuren) im menschlichen Eiweiß-Baustein, durch die Gene der DNA geschaffen. Das bedeutet also: Die geheimnisvolle Macht der 22 existiert in der Welt der Astrologie, der Literatur, Religion und Wissenschaft. In numerologischen Gedankengängen steht die 22 für die „Meisterschwingung" - eine Art Brücke zwischen den menschlichen und spirituellen Ebenen. Und genauso funktionieren auch die Großen Arkana mit ihren zweiundzwanzig Karten auf beeindruckende Art und Weise.

Es ist auch wichtig zu betonen, daß die zweiundzwanzig Karten für einen Kreis oder eine Zahlenspirale stehen. Versuchen Sie, sich von der archaischen westlichen Annäherung an die zweiundzwanzig Karten oder Zahlen auf linearem Weg zu entfernen. *Rotkäppchen* (*Der Narr*, 0, auf der Reise des Lebens, Gottes heiliger Narr, das Ei, der Kreis der Ganzheit) steht für das Kind in uns, das alle einundzwanzig Abenteuer des menschlichen Lebens erlebt und mit der Erfahrung endet, die in der einundzwanzigsten Karte selbst zum Ausdruck kommt - *Das kosmische Kind* -, dem Kind im kosmischen Schoß, das auf seine Wiedergeburt wartet. *Rotkäppchen* taucht zu Beginn der Großen Arkana auf und *Das kosmische Kind* am Ende. Sie sind miteinander verbunden und vollenden den Kreis der zweiundzwanzig Karten. Andere, die das Tarot untersucht haben, einschließlich P.B.Ouspensky, haben den dreifältigen Kreis der sieben Karten in den Großen Trümpfen mit einer übrigbleibenden Karte (*Der Narr*) betont. Dies könnte sich auf die drei siebenjährigen Phasen des Wachstums - von eins bis sieben (physisch), acht bis vierzehn (emotional) und fünfzehn bis einundzwanzig (mental) - beziehen, wobei das Alter von zweiundzwanzig eine Art Deckstein der menschlichen Pyramide darstellt, den Beginn der spirituellen Reise eines menschlichen Lebens.(3)

Die folgende Tabelle wird Ihnen helfen, die besonderen Verbindungen zwischen einigen Großen Trümpfen zu erkennen. Denken Sie daran, es gibt immer numerologische Beziehungen.

Die Karten II, XI und XX stehen aufgrund ihrer Identifikation mit der Qualität und Essenz der Zahl 2 in Verbindung. Die Karten III, XII und XXI haben alle eine Beziehung zueinander, weil sie eine Verbindung zu der Zahl 3 haben, und so weiter. Es gibt andere Beziehungen, die auf den Bildern der Märchen beruhen. So stehen *Rotkäppchen*, *Der große böse Wolf* und *Die drei Schweinchen* alle miteinander in Verbindung, weil in allen der Wolf auftaucht. Wenn zwei oder drei dieser Karten in einem Muster auftauchen, muß die Bedeutung des Wolfs sehr genau angeschaut werden. Bei

Mutter Gans und *Hans und die Bohnenstange* haben die Karten etwas miteinander zu tun, weil die Gans und die Henne goldene Eier legen. Die *Feenkönigin* und *Aschenputtel* sind Teil desselben Märchens. Wenn Sie mit dem Deck arbeiten, werden Sie selbst viele andere ungewöhnliche Kombinationen entdecken.

Die Großen Arkana

Nr.	Bezeichnung der Karte	Astrolog. Herrscher	Hauptthema
0	*Rotkäppchen*	Uranus	Das innere Kind
I	*Aladin und die Wunderlampe*	Merkur	Das schöpferische Kind
II	*Die Feenkönigin*	Mond	Hüterin der Weisheit
III	*Mutter Gans*	Venus	Mutter
IV	*Des Kaisers neue Kleider*	Widder	Vater
V	*Der Zauberer*	Stier	Einweihung
VI	*Hänsel und Gretel*	Zwillinge	Physische Einheit
VII	*Peter Pan*	Krebs	Emotionale Einheit
VIII	*Die Schöne und das Tier*	Löwe	Geistige Einheit
IX	*Schneewittchen*	Jungfrau	Spirituelle Einheit
X	*Alice im Wunderland*	Jupiter	Rad des Lebens
XI	*König Midas*	Waage	Kosmisches Gleichgewicht
XII	*Hans und die Bohnenstange*	Neptun	Opfer (Weihe)
XIII	*Dornröschen*	Skorpion	Tod/Schlaf
XIV	*Der Schutzengel*	Schütze	Schutz (Höheres Selbst)
XV	*Der große böse Wolf*	Steinbock	Der eigene Schatten
XVI	*Rapunzel*	Mars	Läuterung
XVII	*Der Zauberstern*	Wassermann	Die Seele im Inneren
XVIII	*Aschenputtel*	Fische	Träume/Visionen
XIX	*Die gelbe Ziegelsteinstraße*	Sonne	Das kosmische Selbst
XX	*Die drei Schweinchen*	Pluto	Ruf zur Wiedergeburt
XXI	*Das kosmische Kind*	Saturn	Das reifende Kind

Die in der rechten Spalte kurz angegebenen Hauptthemen sind ein Vorschlag, wie man die Großen Arkana sehen kann. *Rotkäppchen* (0) steht für den kindlichen Geist, der verschiedene Lektionen zur Entwicklung seiner Beziehung zu sich selbst und zu anderen durch die Stadien eins bis neun lernen muß, was in der spirituellen Verbindung und dem Dienst an der Menschheit durch *Schneewittchen* (IX) gipfelt. Dies führt zu *Alice im Wunderland* (X) oder das sich drehende Rad des Lebens, Karma, Hochs und Tiefs, die Realität der Reinkarnation. Mit *König Midas* (XI) und *Hans und die Bohnenstange* (XII) trifft das Kind beziehungsweise der Seelensucher Vorbereitungen für den Schlaf, der in *Dornröschen* (XIII) als Tod angesehen wird. Die Karten XIV bis XIX beziehen sich auf die verschiedenen spirituellen Erfahrungen und Abenteuer, auf die die menschliche Seele im Jenseits trifft. Dann kommt der „Ruf zur Wiedergeburt" oder die Entscheidung, auf die Erde zurückzukehren, in der Karte *Die drei Schweinchen* (XX) ausgedrückt. Schließlich enthüllt *Das kosmische Kind* (XXI) die menschliche Seele im Embryostadium, die im Schoß des Sonnensystems reift, bereit und begierig, eine neue Runde des Lebens als *Der Narr* (0, *Rotkäppchen*) zu beginnen.

Rotkäppchen ist auch der Geist des Kindes, das eine Brücke zu den Kleinen Arkana und zu den traditionellen Hofkarten bildet. Wenn die Großen Arkana für den zweiundzwanzigfachen Pfad der menschlichen Erleuchtung stehen, dann bedeuten die sechsundfünfzig Karten der Kleinen Arkana die vier Welten des Lebens (die physische, emotionale, mentale und spirituelle) und die Kenntnisse oder höheren Ebenen innerhalb dieser Bereiche (die sechzehn Hoffiguren). Wenn *Rotkäppchen* neben irgendeiner anderen Karte in einem Legebild erscheint, so gemahnt dies, sich alle ausgelegten Bilder zu Herzen zu nehmen und eingehend zu studieren. In *Rotkäppchen* verborgen ist der himmlische Blitz, das plötzliche Erwachen, der Donnerschlag göttlicher Macht und die Erleuchtung.

Rotkäppchen

Rotkäppchen

Das klassische Märchen von *Rotkäppchen* ist eine Geschichte über kindliche Unschuld, Neugier, Aufregung vor einer Reise, Versuchung und die ersten Stufen auf dem Weg zur Persönlichkeit.

Von ihrer Mutter zur Hütte der Großmutter geschickt, wird *Rotkäppchen* ein Korb mit Köstlichkeiten ausgehändigt mit der Ermahnung, nur ja auf dem Weg zu bleiben und die Gefahren des Waldes zu meiden. Als naives und furchtloses Kind ist die Kleine neugierig auf die Welt. Offen und unschuldig hat sie noch keinen Begriff von den dunklen Kräften, die bereit stehen könnten, sie vom Weg und von ihrem Ziel abzubringen.

Auf dem Weg zum Haus der Großmutter trifft *Rotkäppchen* den großen bösen Wolf und erzählt ihm, den Rat der Mutter vergessend, von ihrer Reise. Der Wolf ermutigt sie, in den Wald hineinzugehen. Sie folgt seinem Rat und weicht vom Weg ab, um für die Großmutter Blumen zu pflücken. Zwischenzeitlich läuft der Wolf zur Hütte der Großmutter, verschlingt die alte Frau und legt sich ins Bett, um auf *Rotkäppchen* zu warten. Kurz vor Ende des Märchens kommt *Rotkäppchen* ins Haus und wird ebenfalls vom Wolf, der vorgibt, die Großmutter zu sein, gefressen. Als der Wolf nach dem Mahl ausruht, betritt ein Jäger die Hütte, schneidet den Wolf auf und befreit *Rotkäppchen* und die Großmutter. In der Tat werden sie neu geboren, und der Bauch des Wolfs wird mit Steinen gefüllt und ins Wasser geworfen, so daß er schließlich ertrinkt. In anderen Versionen der Geschichte trifft *Rotkäppchen* mehrmals auf den Wolf und lernt, ihn auszutricksen.

Rotkäppchen hat seinen Namen erhalten, weil die Großmutter ihm eine rote Samtkappe genäht hat, als es noch sehr klein war. Das Kind liebte diese Kappe so sehr, daß es sie ständig trug, und jeder nannte es *Rotkäppchen*. Da Rot eine Farbe ist, die für Willen und Feuer steht, symbolisiert die rote Kappe das Anfangsstadium spirituellen Abenteuers und die Mentalkraft in der Karte. In den traditionellen Tarotdecks ist diese Karte *Der Narr*, oft durch einen Narren dargestellt, der eine besondere Kappe oder Mütze trägt, die für die Präsenz göttlichen Bewußtseins steht.

Der Wolf, der in den Wäldern herumlungert, symbolisiert den dunklen, nicht-integrierten Aspekt des Bewußtseins und der Versuchung, vom rechten Pfad im Leben abzuweichen. Er steht für die unsozialen Tendenzen in uns und taucht in verschiedenen Verkleidungen in den Großen Arkana auf - als böse Hexe, gemeine Königin, furchterregender Riese. In Tochter, Mutter und Großmutter sehen wir das alte Prinzip der dreifachen Göttin - das junge Mädchen, die Mutter und das alte Weib.

In gewisser Weise stellt diese Karte auch eine Synthese der gesamten Großen Trümpfe dar, da Rotkäppchen für den kindlichen Geist in uns steht, der auf der beleuchteten Straße des höheren Bewußtseins reist. *Rotkäppchen* wird von der Erdenmutter geschickt, um mit der Großmutter der Universellen Weisheit vereint zu werden. Auf dem Weg dorthin ist sie den Launen des Lebens ausgesetzt und lernt aus ihren Fehlern und ihrem Versagen. Der Jäger, der *Rotkäppchen* und der Großmutter zur Neugeburt verhilft, symbolisiert die Menschheit, die die Seele des einzelnen befreit und ihr ermöglicht, der spirituellen Hierarchie des Planeten zu folgen.

Wenn diese Karte in Ihrem Legemuster erscheint, machen Sie sich auf ein Abenteuer gefaßt. Öffnen Sie sich dem weiten Horizont des Unbekannten und seien Sie zu Risiken bereit. Überschreiten Sie die Grenzen, die die Normen der Gesellschaft gesetzt haben. Vielleicht fühlen Sie sich vorübergehend in der Dunkelheit verloren, als wenn die Leere Sie in den luftleeren Raum gezogen hätte. Trauen Sie sich hinein und werden Sie wiedergeboren! Betrachten Sie das Leben als ein Glücksspiel, eine Gelegenheit zu spielen. Die Erfahrung von *Der Narr* geschieht oft im Zeichen großen inneren Wandels. Es ist mutig und beschämend zugleich, die Maske des Narren zu tragen und auf der Straße ins Unbekannte zu wandern. Durch den Prozeß der Wiedergeburt können Ihr Genius und Ihre Intuition erwachen. Sie sollten helle Kleidung tragen. Vergnügen Sie sich! Lassen Sie die Magie und die Freude des Lachens Ihre Tage erfüllen! Spüren Sie das Wunder des Lebens um Sie herum!

Archetyp im traditionellen Tarot: *Der Narr*
Beherrschender Planet: *Uranus*

Aladin und die Wunderlampe

Aladin und die Wunderlampe

Die Geschichte von *Aladin und die Wunderlampe* beschreibt das erste Abenteuer eines Kindes in einer Welt geistiger Macht. In dieser Geschichte wird *Aladin* von einem Zauberer in einen unterirdischen Garten geschickt, um eine alte Lampe zu holen. Er bekommt einen magischen Ring, der ihm auf der Reise helfen soll. *Aladin* findet die Lampe, kann aber den Garten nicht verlassen. Zufällig reibt er den Ring, und ein Zwerg erscheint, der ihm mehrere Wünsche gewährt. Der Junge wünscht sich nach Hause zurück, der Wunsch geht unmittelbar in Erfüllung. Als seine Mutter die Lampe in die Hand nimmt, um sie zu verkaufen und von dem Erlös Essen kaufen zu können, reibt sie diese zufällig, und ein größerer Zwerg erscheint. So beginnt die erstaunliche Odyssee des mächtigen Zwergs *Aladin* und der Wunderlampe und die Suche nach Erleuchtung auf dem Pfad von Gut und Böse. Am Ende des Märchens ist *Aladin* mit einer Prinzessin verheiratet und hat durch Geschicklichkeit und Einfallsreichtum gelernt, den Zauberer auszutricksen, der versucht hat, die Lampe für seine eigenen dunklen Zwecke zu stehlen.

Im wesentlichen ist die Zauberlampe ein Symbol des erleuchteten Geistes, der durch einen Dschinn, der für die Kräfte der spirituellen Welt steht und dem „genialen“ Potential in jedem Kind entspricht, überstrahlt wird. Das Wort *Genius* kommt aus dem Lateinischen und bedeutet „Schutzgeist.“ Die Wunderlampe symbolisiert auch die erwachende Kraft der Phantasie eines Kindes. Dieser Aspekt des Geistes wird zum Spielplatz von Märchen, Mythen und den Sprachen alter Kulturen. *Imagination* trägt in sich die Worte *imago* (Bild) und *Magie* - wobei der letztgenannte Begriff aus dem Altpersischen kommt und „Seher“ oder „Zauberer“ bedeutet.

Aladin steht für jedes Kind, das sich bemüht, die Magie der Worte, Wünsche, Sprache und Kommunikation mit der Welt draußen zu lernen. Achten Sie darauf, daß der Genius, der in dem Märchen in der Lampe in einem „unterirdischen“ Garten lebt, Symbol für die innere Manifestation der unbewußten Lebenskraft eines Kindes ist. Indem das Kind den Genius nach seinen Wünschen handeln läßt, entdeckt es die magischen Verbindungen zwischen Denken, Worten, Taten und Ergebnissen.

Der Genius kann auch als der Schutzengel der Kindheit, des reinen Geistes, angesehen werden - eine Präsenz, die das Kind zu Selbstbeherrschung und Ich-Bewußtsein führen möchte. Mit diesem Bewußtsein lernt das Kind, den Geboten des vom Geist erleuchteten Verstandes oder des Unbewußten (das Genie und die Lampe) zu folgen, schöpferisch zu sein und diese Kraft nach außen zu manifestieren. In der Karte schaut der Junge auf die Lampe, ein Schwert, einen Stab und einen Altar mit Kristallen, der für die vier elementaren Kräfte der Natur steht - Feuer, Erde, Wasser, Luft -, die er als Werkzeuge nutzt, um auf den Pfad der Selbstverwirklichung zu gelangen. Das Bücherregal hinter ihm deutet auf die Anwesenheit von Merkur hin, den geflügelten Boten der Götter.

Wenn diese Karte in Ihrem Legesystem auftaucht, sollten Sie darauf achten, daß Sie aus jedem Gedanken, jedem Wort und jeder Tat Ihre eigene Realität schaffen. Anstatt analytisch zu denken, sollten Sie Ihren kreativen Genius untersuchen. Erkennen Sie die Macht der Affirmation und die Notwendigkeit, sich vor negativen Gedanken in der psychischen Atmosphäre zu schützen. Denken sie daran, Gegenstände und Menschen zu „benennen“ ist eine magische Kunst. Jeder Name ist aus Buchstaben zusammengesetzt, und jeder Buchstabe trägt eine numerische und spirituelle Schwingung. Die *Abrakadabras* und *Sesam-öffne-Dich* der Kindergeschichten entfachen die Magie, Worte als Mantren der Kraft oder Sätze der Verzauberung zu verwenden. Bedenken Sie, wenn der Dschinn erst einmal aus der Flasche ist, besteht immer die Gefahr, die Kraft zu mißbrauchen. Diese Gefahr läßt sich jedoch in ein großes Abenteuer der Bewußtwerdung und des geistigen Wachsens transformieren. Möge das Licht der Unschuld und Imagination Ihre Leidenschaft zu lernen neu entfachen.

Archetyp im traditionellen Tarot: *Der Magier*
Beherrschender Planet: *Merkur*

Die Feenkönigin

Die Feenkönigin

Was die *Hohepriesterin* im traditionellen Tarot ist, bedeutet die *Feenkönigin* im *Tarot für das Innere Kind.* Auch wenn die *Feenkönigin* in dem Originalmärchen *Aschenputtel* der Gebrüder Grimm nicht die Hauptrolle spielt, so hat sie doch dank der Bearbeitung der Geschichte durch Walt Disney einen großen Teil dazu beigetragen, unser inneres Bewußtsein von magischen Helfern zu formen.

In mehreren Volksballaden wird die *Feenkönigin* „Königin des Himmels" genannt. Walisische Feen waren bekannt als „Mütter" oder „Segen der Mütter". Bauern nannten die Feen „Feenköniginnen" oder „Gute Damen". Ihnen zufolge konnte eine Fee einen Menschen in ein Tier oder einen Stein und wieder zurück verwandeln. In *Aschenputtel* geschieht der Zauber so: Die Tiere werden in menschliche Helfer verwandelt, bis der Zauber um Mitternacht bricht. In der Originalgeschichte *Aschenputtel* steht der Haselnußstrauch - der aus einem Zweig auf dem Grab von Aschenputtels richtiger Mutter wuchs - für die wiedergeborene Mutter oder den magischen Helfer.

Die Legende vom Haselbusch nach den Gebrüdern Grimm erzählt, wie die heilige Muttergottes im Wald Erdbeeren sucht, um das Christuskind zu füttern. Als sie sich bückt, springt eine Schlange aus dem Gras. Die Muttergottes flieht zu einem Haselnußbaum und versteckt sich hinter ihm. Die Schlange kriecht davon. Seitdem haben Haselnußzweige immer als Schutz gegen gefährliche Tiere gedient. Der Haselnußbaum steht für die elementare Lebenskraft, die unzerstörbar ist. Es ist die Kraft des Schutzes, die in jeder menschlichen Seele gepflanzt werden und Wurzeln schlagen kann.

Wir tragen unsere *Hohepriesterin* oder *Feenkönigin* in uns, wo wir sie im Tiefsten unserer Seele ehren. Sie verbindet sich mit unserer Weisheit, je mehr wir Vertrauen in den Geist des ewigen und unverleugbaren Schutzes im Universum Vertrauen gewinnen. Im alten Tarot ist *Die Hohepriesterin* die geheimnisvolle Lehrerin, die Päpstin, die den Schlüssel zu den Toren unseres inneren Heiligtums in Händen hält - unsere angeborene Weisheit, Intuition und andachtsvolle Achtung für alles Leben. Im alten Ägypten nannte man sie Isis, und sie stand mit den Rhythmen und Zyklen des Mondes in Verbindung.

Die *Feenkönigin* ist eine Zauberin, die heilige geheiligte Mutter der alten Mysterien. Sie führt uns zu dem, was wir meinen, nicht zu wissen, nicht ausdrücken zu können oder nicht zu wagen. Sie bietet das angeborene Wissen dar, an das wir glauben können - sei es in Wundern oder in der Magie oder unserer göttlichen Intelligenz. Sie bietet uns die Gaben des Geistes: innere Führung und universelle Liebe.

Wenn diese Karte in Ihrem Legemuster auftaucht, kennt Ihr Höheres Selbst die Antwort. Hören Sie auf Ihre Intuition. Entwickeln Sie Vertrauen. Haben Sie Mitgefühl für die Kinder der Welt und jene, denen die spirituelle Kraft fehlt. Die Zahl *2* steht für das Gleichgewicht zwischen den spirituellen und physischen Bereichen. Es ist auch das Gleichgewicht zwischen dem inneren und äußeren Weg. Zwei ist ein emotionale Zahl und sehr sensitiv. Zwei bekannte *Feenköniginnen* - in *Der Zauberer von Oz* und

Aschenputtel - tauchen in Zeiten der Not, der Krise auf. Die *Feenkönigin* erinnert Sie an die Reise, die vor Ihnen liegt, und die Notwendigkeit, mit der Seelenarbeit weiterzumachen und sie zu vollenden.

*) Anmerkung:
Zwischen der *Feenkönigin*-Karte (II) und der *Aschenputtel*-Karte (XVII) gibt es eine enge und wichtige Verbindung. Beide sind nicht nur Teil derselben Geschichte; die *Aschenputtel*-Karte wurde im traditionellen Tarot *Der Mond* genannt, und der Mond ist der Planet, der mit der *Feenkönigin*-Karte in Verbindung steht.

Archetyp im traditionellen Tarot: *Die Hohepriesterin*
Beherrschender Planet: *Mond*

III
Mutter Gans

Mutter Gans

Zwischen dem alten ägyptischen Mysterium des goldenen Eis und unserer Karte *Die Kaiserin*, gibt es eine sehr enge Verbindung - *Mutter Gans*. Viele Hinweise finden sich auch zu der Gans, die das goldene Ei gelegt hat, und einer großen Mutter aus dem alten Ägypten. *Mutter Gans* trägt einen spitzen Hut, ähnlich einer ägyptischen Krone. Diese Geschichte hat ihren Ursprung im alten Ägypten, wo sie Mutter Hathor war, inkarniert in der Gans vom Nil. Sie legte das goldene Ei der Sonne, eine andere Möglichkeit auszudrücken, daß sie Ra, den Sonnengott, geboren hat. Die Sonnenscheibe wurde manchmal Gänseei genannt. Die Nilgans wurde auch als Schöpferin der Welt angesehen, weil sie das ganze Universum in einem Ur-Ei, dem Weltenei, produziert hat. Venus, die planetarische Herrscherin sowohl der traditionellen Karte *Die Herrscherin* als auch von *Mutter Gans*, wurde in alten Zeiten als Kuh oder als Bulle von Taurus, dem Zeichen, das die Venus beherrscht, dargestellt. Oft wurde die Göttin Venus als „die große Kuh, die die Sonne gebiert“ angesprochen. Nach Orpheus brachte die große Göttin der Dunkelheit oder Mutter Nacht als erstes das Weltenei hervor, als *Der Mond* identifiziert. Das ist der Hintergrund des Kinderreims „Die Kuh sprang über den Mond“.

Mutter Gans ist eine Personifizierung der Erdenmutter, die jeder menschlichen Seele die Fülle des Lebens bietet. Das alte ägyptische

Symbol für das Weltenei war dasselbe wie für den Embryo im Schoß einer Frau. *Mutter Gans* bringt uns Reim und Rätsel und die klangvollen, humorvollen und tiefen Geheimnisse, die im Herzen eines Kindes leben. In gewisser Weise ist sie die „Gebärerin“ unseres essentiellen mentalen Bewußtseins (das strahlende Licht der Sonne) und unserer Gefühle und Emotionen (das reflektierte Licht des Mondes). *Mutter Gans* als *Die Kaiserin* im *Tarot für das Innere Kind* läßt uns im Einklang sein mit der gesamten Welt und allen Reichen der Natur. Sie weckt unsere Liebe zu Blumen, Gräsern, Bäumen, Vögeln, Tieren, Felsen, Edelsteinen und der Muttererde selbst. Wenn wir eins sind mit ihr, sind wir eins mit der Lebenskraft des Kosmos.

Wenn diese Karte in Ihrem Legemuster auftaucht, sollten Sie sich Ihrem Geburtspotential, tief im Inneren verborgen, öffnen. Das Ur-Ei wird ausgebrütet. Neues Leben und Neubeginn werden aktuell. Achten Sie auf Ihre Träume, die Ihnen etwas über die Zukunft verraten werden. Spüren Sie die Fülle des Lebens in Ihrem Herzen. Erfahren Sie die Freude der sinnlichen Berührung. Lassen Sie die heilenden Kräfte des Pflanzenreichs und seiner Magie in Ihrem Geist und Ihrem Energiekörper arbeiten. Machen Sie sich bewußt, daß jedes Chakra oder Zentrum in Ihrem ätherischen Körper wie ein Ei ist, das darauf wartet, aufzubrechen und seinen spirituellen Glanz zu enthüllen. Mutter Gans bringt Ihnen die Fülle des Lebens. Sie bietet Ihnen ein Ei, in dem das ganze Universum schlummert.

*) Anmerkung:

Da die Henne in der Geschichte von *Hans und die Bohnenstange* die goldenen Eier legt, besteht eine besondere Beziehung zwischen den Trumpfkarten III und XII. Außerdem ergibt die Zahl *12* dieser zwölften Karte der Großen Arkana numerologisch die Zahl *3*.

Archetyp im traditionellen Tarot: *Die Herrscherin/ Die Kaiserin*

Beherrschender Planet: *Venus*

IV
Des Kaisers neue Kleider

Des Kaisers neue Kleider

Der Kaiser baut und erbaut (Qualitäten, die mit der Zahl *4* zu tun haben), mit dem Wunsch, irdische Macht zu erreichen. Dieser Wunsch ist Teil eines jeden von uns, und er muß durch den schöpferischen Segen der Karte *Die Kaiserin* vervollständigt werden. Die Ernte des Lebens wird nach den natürlichen Gesetzen aktualisiert - nicht nach den politischen, zweckdienlichen, von Menschen gemachten Regeln, die dem Reich *Der Kaiser* angehören.

Wenn *Der Kaiser* die Verbindung mit der nährenden Gegenwart von *Mutter Gans* (*Die Kaiserin*) verloren hat, weist diese Karte auf eine Gefahr hin. Es ist immer *Mutter Gans*, die dem *Kaiser* auf dem Thron Gleichgewicht, Frieden und Schönheit bringt, der für die Macht der materiellen Welt und die Reichtümer steht, die von den vier Ecken des Globus angesammelt worden sind.

Wenn *Der Kaiser* habsüchtig wird und seine Umgebung vergißt, blind gegenüber dem Wahnsinn seiner nur auf sich selbst ausgerichteten Ziele, wird er zum gefährlichen, verrückten Repräsentanten der Menschheit. Das Märchen *Des Kaisers neue Kleider* ist ein hervorragendes Beispiel für diese Torheit. Der *Kaiser* (Erdvater) erscheint ohne seine neuen Kleider - Symbol der materiellen Welt -, weil er die Verbindung zur Realität verloren hat, dank zweier listiger Schneider, die darauf aus sind, große Gelder aus des Kaisers Schätzen zu erschwindeln. Ein Kind voller Weisheit, mit der

Unschuld eines reinen Herzens, zeigt auf den Kaiser und macht den Menschen dieses Zerrbild eines Herrschers und der Peinlichkeit bewußt. Das Kind steht für den vorbehaltlosen Teil der Seele, der immer noch der Wahrheit und der Ordnung im Einklang mit der Natur die Ehre erweist.

Wenn sich *Der Kaiser* und *Die Kaiserin* einig sind, ist das Potential für das Wachsen der kosmischen Kraft und der Spiritualität auf der höchsten Ebene vorhanden, denn die gegenseitigen Pole von Mann und Frau werden harmonisiert und arbeiten im Einklang miteinander. Jede dieser Polaritäten lebt in jedem von uns, und es geschieht im Einklang mit der Göttlichkeit der Menschheit, beide Pole zu lieben und ihnen Rechnung zu tragen. Das ist in den letzten zwei- bis dreitausend Jahren nicht geschehen.

Es ist wichtig zu erkennen, daß *Die Herrscherin*, *Mutter Gans*, dem *Kaiser* in der Reise des *Narren* auf dem Weg der Selbstverwirklichung durch die Großen Arkana vorangeht. In früheren asiatischen Kulturen hing Königschaft von der Wahl der Frauen ab. Die Heirat mit der irdischen Vertretung der Göttin in Gestalt eines König war wichtig, um die Position eines Königs einnehmen zu können. Das war die ursprüngliche Bedeutung der „heiligen Ehe". Eine innere Vermählung mit der empfangenen weiblichen Energie (die Zahl *3*, die Erdspirale) ist für die geordnete männliche Seite (die Zahl *4*, konstruktive Kraft) erforderlich, um ein Gesetz auf der Basis von Weisheit und Liebe im Universum zu produzieren.

Wenn diese Karte in Ihrem Legemuster auftritt, sollten Sie sich bewußt machen, daß wir alle auf der Vergangenheit aufbauen. Wir gehen auf der Basis der Weisheit, die wir gewonnen haben, in die Zukunft. *Die Kaiserin* ist die Weisheit des Lebens, *Der Kaiser* die Anwendung jener Weisheit bei dem Versuch, eine bessere Welt zu schaffen. *Der Kaiser* steht für die Begrenzungen der Zeit und die Bereiche Ordnung und mechanisches Gesetz. Er kann Blindheit, dummes Verhalten und selbstzerstörerische Tendenzen bedeuten oder das plötzliche Erwachen des Einsseins, der Gnade und der spirituellen Schätze, die in der materiellen Welt verborgen liegen.

*) Anmerkung:

Es besteht eine direkte Verbindung zwischen der Karte *Der Herrscher* (IV) und dem König in *Dornröschen* (XIII), der dummerweise vergessen hat, die dreizehnte (böse) Fee für das Fest zu Ehren seiner Tochter einzuladen. Diese Beziehung zwischen den Karten wird auch offensichtlich, weil die Zahl *13* von Dornröschen numerologisch auf *4* addiert werden kann = die Zahl der Karte *Der Kaiser*.

Archetyp im traditionellen Tarot: *Der Kaiser/Der Herrscher*
Beherrschendes Tierkreiszeichen: *Widder*

Der Zauberer

Der Zauberer

Im traditionellen Tarotdeck steht die fünfte Karte der Großen Arkana für *Der Hohepriester,* oft als strenger Herrscher der Kirche und als kalte Gestalt dargestellt, der die christlichen Lehren auf unserem Planeten verankert. Er besitzt die geheimnisvollen Schlüssel zu Himmel und Erde. Im zwanzigsten Jahrhundert haben einige Gestalter von Tarotdecks dieser Figur einen neuen Namen gegeben - *Der Hohepriester.* Dadurch ist dieses Wesen mit den Hohepriestern Ägyptens und anderer alter Kulturen verbunden, die eine besondere und sehr strenge Ausbildung erhielten, um Schülern auf dem spirituellen Weg als Lehrer zu dienen. Viele esoterische Schriftsteller haben auf einen mysteriösen Hierophanten hingewiesen, der in der großen Pyramide vor Tausenden von Jahren Neophyten eingeweiht hat. Plato und selbst Jesus sollen solch ein magisches Erlebnis gehabt haben.

Im *Tarot für das Innere Kind* ist aus diesem Archetyp *Der Zauberer* geworden, der nicht nur zum Einweihenden und Oberpriester wird, sondern auch zum freundlichen, einfühlsamen und mitfühlenden Lehrer. Aus unserer Kindheit verbinden wir mit dieser Gestalt vielleicht mehrere Bilder. Da gibt es zum einen den *Zauberer von Oz*, einen Schwindler, der sich hinter dem Vorhang versteckt. Da gibt es auch den Zauberer, in dessen geheimen Räumen Micky Mouse in Walt Disneys *Fantasia* arbeitet. Dann gibt es natürlich auch noch *Merlin*, den Führer und spirituellen Lehrer des jungen König Arthur.

Die Gestalt jedoch, die den Qualitäten des Zauberers in diesem Deck am ehesten entspricht, ist der Zauberer Gandalf aus J.R.R. Tolkiens *Herr der Ringe*, der aus den drei Bänden *Die Gefährten*, *Die zwei Türme* und *Die Rückkehr des Königs* besteht. Diese Trilogie hat Kinder wie auch Erwachsene seit Jahrzehnten in Begeisterung versetzt.

Es ist eine durch und durch magische und faszinierende Geschichte, die uns mit den Bewohnern der Mittelwelt bekannt macht: Hobbits, Zwergen, Elfen, Ents (Baumwesen), den Neun Nazgul oder Schwarzen Reitern, den Orks, den Palantiri (den sieben sehenden Steinen), Schlangen, Monstern, dem Zauberer Gandalf, dem dunklen Lord Sauron und vielen anderen. Weil die ganze Geschichte zu lang ist,um sie hier wiedergeben zu können, hier eine Kurzfassung: Es geht darum, den *Einen Ring* zu zerstören, der seinen Besitzer heimtückisch beherrschen kann und der auch Macht über andere Ringe hat, die Zwerge, Menschen und Elfen unter der Zaubermacht des Lord Sauron halten sollen. Frodo, ein beliebter Hobbit, wird zum ersten Ringträger. Er und seine Begleiter bilden eine Gemeinschaft, um den Ring in das Schattenland von Mordor zurückzubringen, wo er zerstört und die fatale Auswirkung des Rings auf das Leben in Mittelerde eliminiert werden kann.

Gandalf spielt mit seinem Team der Weisheit - dem Schwert Glamdring und dem Pferd Schattenfell - die Rolle des Zauberers, Magiers, spirituellen Lehrers und Führers für Frodo und die Hobbits. Er bedeutet Niederlage und Vergeltung für Sauron. Gandalf, als Bote der göttlichen Bewußtheit, dic Mittelerde überstrahlt, warnt Frodo - der für den kindlichen Geist auf dem Weg des Lebens steht - vor der schändlichen Macht, die in dem *Einen Ring* enthalten ist. Er erzählt Frodo, wie er den Träger des Rings verderben und verführen und die Persönlichkeit des Trägers nachteilig beeinflussen kann, bis er zum Vehikel und Werkzeug des dunklen Lord Sauron wird.

Die Beziehung zwischen Frodo und Gandalf ist ein eindeutiges Beispiel für die moderne Beziehung zwischen Schüler und Lehrer, Kind und weisem Älteren. Eine der wichtigsten Lektionen, die Frodo lernt, ist, daß wahre spirituelle Kraft nicht in dem *Einen Ring* liegt, sondern im Ring der Gemeinschaft - dem Kreis von Freunden, Menschen, die wir lieben, und Gefährten auf dem Pfad des Lebens. So steht der *Herr der Ringe* für die höhere Bedeutung des „Gruppenbewußtseins" und die Schönheit des gemeinschaftlichen Lebens, das im Zeitalter des *New Age* am Horizont für die Menschheit aufdämmert.

Wenn diese Karte in Ihrem Legebild auftaucht, ist ein spiritueller Lehrer auf dem Plan. Wer inspiriert Sie gerade jetzt? Gibt es ein neues Gebiet, mit dem Sie sich beschäftigen sollten? Schauen Sie sich Bereiche wie Musik, Kunst, Literatur, Philosophie, Religion, Geschichte und Natur als Wege zu höherem Wissen an. Bauen Sie eine Brücke zwischen dem Kind in Ihnen, das nach Antworten sucht, und dem Höheren Selbst, das immer wieder in Träumen, Visionen, Eingebungen des Herzen und in Form blitzartiger Intuitionen Juwelen der Erleuchtung bietet. Wenn es zu einem Durchbruch oder zu Eingebungen kommt, die Ihren Geist durchfließen, seien Sie offen und bereit, Ihre neu entdeckte Weisheit weiterzugeben. Vermeiden Sie den Versuch, Entdeckungen rigoros festzuhalten. Vermeiden Sie es auch, aus eigensüchtigen Motiven andere zu kontrollieren. Aber vor allem eins: Nutzen Sie Ihre Visualisierungsfähigkeiten (mit Hilfe Ihres Dritten Auges oder *ajna-Zentrums*) und sehen Sie, wie Ihr Leben mit einer Gemeinschaft gleichgesinnter Seelen verbunden ist - Ihrem wahren Ring der Macht in der Welt.

Archetyp im traditionellen Tarot: *Der Hohepriester/ Der Hierophant*

Beherrschendes Tierkreiszeichen: *Stier*

VI
Hänsel und Gretel

Hänsel und Gretel

Im traditionellen Tarot wird diese Karte als *Die Liebenden* dargestellt. Sie steht für den Wunsch nach Vertrauen und Loyalität in festen Beziehungen. Auf einer höheren Ebene symbolisiert sie das Gleichgewicht zwischen physischer und spiritueller Liebe. Die Geschichte von *Hänsel und Grete*l läßt uns die ursprüngliche Form der göttlichen Liebe in Gestalt von Geschwistern, die sich in Liebe zugetan sind, sehen.

In dem Märchen lebt ein armer Holzfäller zusammen mit seiner Frau und seinen beiden Kindern. Die Frau ist die Stiefmutter der beiden, und sie behandelt sie sehr grausam. Weil sie nur sehr wenig zu essen haben und um ihr eigenes Überleben zu sichern, bringt die Stiefmutter den Vater dazu, seine Kinder im Wald auszusetzen - Zeichen seiner schwachen Willenskraft und ihrer selbstsüchtigen Wünsche. Die Kinder werden in den Wald gebracht - die unbekannte, pfadlose Welt - und sich selbst überlassen. Das Mondlicht (die empfangende, weibliche, höhere Weisheit) spielt eine wichtige Rolle und leitet *Hänsel und Gretel.* Als Führer dienen auch zwei weiße Vögel. Zuerst führt sie eine Taube zu einem Knusperhäuschen (persönliche Wünsche, Sehnsüchte, orale Befriedung, materielle Sicherheit, beginnende Bewußtheit der Sexualität). Dann hilft ihnen eine weiße Ente, das Wasser zu überqueren (emotionale Sicherheit), die ihnen als Brücke dient und sie auf eine neue Ebene von Liebe und Wahrnehmung bringt.

Hänsel und Gretel müssen in Harmonie miteinander handeln und sich bedingungslos aufeinander verlassen. In dem Knusperhäuschen glauben sie, den Himmel gefunden zu haben, da sie so lange ohne Nahrung waren. Hänsel knabbert am Dach (Kopf, Geist) und Gretel am Fenster (Seele). Sie werden von der Hexe, die dort lebt, aufgepäppelt und dann in zwei winzige Betten gebracht. Als sie wach werden, sind sie gefangen.

In religiösen Schriften taucht die Taube oft als Symbol für den Heiligen Geist auf. Im Märchen werden die reinen spirituellen Kräfte, durch den Verstand noch nicht verdorben, ebenfalls durch die Taube oder einen anderen weißen Vogel symbolisiert. Die alte verkrüppelte Hexe, Sinnbild des Verstandes, ist blind für die Wahrheit und das Wachstum des Ewigen im menschlichen Wesen. Sie versucht, Gretel hereinzulegen, aber das junge Mädchen trickst die Hexe aus, indem es die Alte kopfüber in das Feuer ihres eigenen großen Ofens stößt. Die Hexe, die die Kinder fressen will, steht für die dunklen Bereiche des Bewußtseins, die erkannt und im Feuer gereinigt werden müssen.

An diesem Punkt werden die Kinder befreit. Gretel (die Seele) hat Hänsel (den Geist) gerettet. Vereint kehren Bruder und Schwester nach Hause zurück. Um jedoch sicher zum Haus der Eltern zu gelangen, müssen sie ein neues Stadium der Bewußtheit erreichen. Die Erde kann sie nicht länger unterstützen. Sie müssen auf den Flügeln des Geistes (der weißen Ente) über das Wasser, den Strom des Lebensflusses, reisen. Auf der höchsten Ebene entflieht der Geist den Schlingen der sinnlichen Welt (das Knusperhäuschen, geschlechtliche Liebe) und beginnt, sich an das wahre Heim zu erinnern, dem er einst entfloh (ewige Liebe).

Wenn diese Karte in Ihrem Legebild auftaucht, wird es möglicherweise zu einer tiefen spirituellen Einweihung oder Vereinigung kommen. Machen Sie sich bewußt, daß jeder Mensch einen weiblichen/männlichen Gegenpol besitzt und daß es jetzt Zeit für Sie ist, diese inneren Komponenten in einen Zustand des Gleichgewichts und der Ausgewogenheit zu bringen. Hänsel ist Symbol des Animus - das Luftige/der Wind, Geist und männliche Energie. Gretel steht für Anima - die Seele, die nährende und weibliche Energie. Gemeinsam, Hand in Hand, symbolisiert ihre Beziehung eine Vorstufe der göttlichen Vermählung.

Meditieren Sie über die Schönheit dieser beiden Kinder, die einander inspirieren, und denken Sie dabei daran, daß diese die verlorene Liebe ihrer Eltern widerspiegeln, die durch die Unbill des Lebens sich selbst verloren haben. Die spirituelle Umarmung, die romantische Berührung, der auf das Herz zentrierte Blick werden es Ihnen ermöglichen, die Reichtümer und Wunder der Welt neu zu erleben.

Archetyp im traditionellen Tarot: *Die Liebenden*
Beherrschendes Tierkreiszeichen: *Zwillinge*

Peter Pan

Peter Pan

In mythologischen oder spirituellen Lehren wird ein Schiff oft als Vehikel für die Seele dargestellt, das das Bewußtsein von einem Ufer zum nächsten bringt. In dem Märchen *Peter Pan* lernen Wendy und ihre Brüder nicht nur zu fliegen - sich von den physischen Begrenzungen von Zeit und Raum zu befreien -, sondern sie landen auf einer Insel, wo sie auf ein großes Schiff treffen, das von Kapitän Hook regiert wird. Kapitän Hook und seine Piratenbande symbolisieren die chaotischen Elemente der Unterwelt, unsere ungezähmten Ängste. Tinker Bell ist der elementare Geist in uns, die Feen-Deva. Sie ist ein Leichtgewicht und kann gute oder schlechte Zaubersprüche loslassen, je nachdem, wie ihr zumute ist. Wendy und ihre Brüder stehen für die Menschheit. Sie sind gebunden an die Pole und Wurzeln ihrer Inkarnation, aber da sie an andere Welten *glauben*, manifestieren sie die Fähigkeit, über die Grenzen der Zeit hinauszugehen.

Traditionell ist die siebte Karte im Tarotdeck der Großen Arkana *Der Wagen*. Diese mechanische Vorrichtung steht als Symbol für den Körper, der Geist und Verstand birgt. Der Wagenlenker symbolisiert das innere Selbst, und die Pferde stehen für die göttliche Willenskraft, die nutzbar gemacht werden muß.

Diese Karte ruft nach dem Gleichgewicht zwischen dem irdischen zentrierten Leben und dem Leben des Geistes. Wenn Menschen

Kontakt mit ihrer inneren Führung haben, gelingt es ihnen, diese nicht zu steuern, sondern sich ihrer Umgebung anzupassen und sich mit Anstand und Würde zu bewegen - offen, bereit, Erfahrungen zu machen, sich dem Tanz der Spirale von Tag und Nacht, dem Gleichgewicht von Licht und Dunkel, hingebend.

In der Geschichte von *Peter Pan* wirkt dieses archetypische Muster. Die Kinder sind versucht, für immer im Niemandsland ewige Kinder wie *Peter Pan* zu bleiben und niemals das erwachsene Stadium der menschlichen Seele zu erreichen. Die Kinder sind Symbole des Teils in uns, der in die Mitte zurückkehren muß, damit wir unseren Weg nach Hause finden, nachdem wir die Abenteuer des Lebens hinter uns gebracht haben. In gewisser Weise ist *Peter Pan* wie die zwei Pferde des Wagens, die den elementaren Willen symbolisieren, der uns vorantreibt, uns auf ewig in unsere Abenteuer drängt, ungezähmt und ungezügelt. Letztendlich ist es das Ziel der Reise, unser Heiligtum und unser Seelenerbe zu finden. *Der Wagen*, Peter Pan, Tinker Bell und das große Schiff - sie alle sind leitende und erleuchtende Facetten unseres kosmischen Selbst.

Hier ist noch etwas anderes wichtig: Wenn wir auf Hindernisse und plötzliche Kurven und Kehrtwendungen auf der Straße vor uns stoßen, dürfen wir nicht in *Pan-ik* geraten, ein Begriff, der vermutlich durch den Ruf des großen Gottes der ursprünglichen Natur, Pan, ausgelöst wird.

Weil der Komet/Planetoid Chiron erst 1977 entdeckt wurde, hat er in dem 22-fachen System der Großen Arkana keinen Platz gefunden. Aber ein ihm angemessener Platz wäre hier, in Anlehnung an *Der Wagen* und *Peter Pan*. Chiron beginnt mit dem *Ch* der englischen Begriffe *chariot* (Wagen) und *child* (Kind). *Peter Pan* steht für das Kind, das auf ewig im Herzen jung bleibt.

Als dieses Buch geschrieben wurde, wanderte Chiron zum ersten Mal in beinahe fünfzig Jahren in das Zeichen *Krebs*. *Krebs* ist das

Tierkreiszeichen, das traditionell mit dieser Karte verbunden ist. Chiron wird oft als der Schlüssel angesehen, der die Türen zur höheren Bewußtheit öffnet, den Qualitäten des Einzelgängers, des verwundeten Heilers und der Lehren der Ewigen Weisheit. Die hochfliegende Reise von *Peter Pan* und das flackernde Licht von Tinker Bell stehen für die positiven Qualitäten von Chiron, wohingegen die dunklere Präsenz von Kapitän Hook mit den „chirotischen" Wunden der Vergangenheit zu tun hat, die schwer zu heilen sind. In diesem Zusammenhang ist es auch wichtig, sich daran zu erinnern, daß der Kapitän anstelle einer Hand einen Haken hat und daß die griechische ursprüngliche Bedeutung von *chiro* „Hand" ist.

Wenn diese Karte in Ihrem Legemuster auftaucht, sollten Sie sich im Leben stetig fortbewegen und Ihre geheimen Quellen entdecken. Bleiben Sie auf dem mittleren Pfad, ein Weg, der möglicherweise in die umgekehrte Richtung führt und Sie nach Hause zurückbringt. Während wir im Alltag durchaus nach Sicherheit und Schutz streben sollten, dürfen Sie sich andererseits die Freiheit erlauben, zu träumen, zu phantasieren und auf Abenteuersuche zu gehen. Machen Sie eine Kanufahrt, segeln Sie in den Sonnenuntergang hinein oder lauschen Sie dem Schlagen der Wellen gegen den Strand. Verbringen Sie ein paar Tage in der Wildnis und beobachten Sie den Flug der Vögel, lauschen Sie dem Trillern ihres Gesangs und lassen Sie sich davon bezaubern, wie sie ihre Jungen füttern. Gestatten Sie sich den Flug in die faszinierenden Bereiche der Phantasie. Wenn Sie daran glauben, werden Sie es schaffen!

Archetyp im traditionellen Tarot: *Der Wagen*
Beherrschendes Tierkreiszeichen: *Krebs*

Die Schöne und das Tier

Die Schöne und das Tier

In der Originalversion dieses klassischen Märchens lebt die Schöne mit ihrem Vater, zwei Schwestern und drei Brüdern zusammen. Sie ist wegen ihrer Freundlichkeit und Feinfühligkeit überall beliebt, wohingegen ihre Schwestern habsüchtig sind. Die Familie ist sehr reich, aber der Vater erleidet Schiffbruch und verliert sein Hab und Gut. Die Schöne arbeitet auf dem Feld und ist sehr bescheiden. Als der Vater erfährt, daß seine Schätze möglicherweise gefunden worden sind, macht er sich auf eine lange Reise. Bevor er loszieht, fragt er seine Töchter nach ihren Wünschen. Die beiden Schwestern wollen wertvolle Juwelen und Kleider; die Schöne bittet nur um eine schwarze Rose. Die Rose bedeutet im Reich der Blumen der „Stern des Lebens“, und Schwarz steht für die *unsichtbare* Schönheit im Inneren, die verborgene Schönheit der Rose, die verborgene Schönheit der Menschheit.

Der Vater macht sich auf den Weg, findet jedoch sein verlorenes Vermögen nicht wieder. Statt dessen gelangt er zu einem Schloß. Die Türen stehen weit offen, das Feuer glüht im Kamin, der Tisch ist gedeckt. Er speist, ruht sich in einem der Betten aus und verbringt die Nacht im Schloß. Als er am nächsten Morgen aufgestanden ist und im Schloß umherwandert, findet er einen Garten und pflückt eine Rose. Plötzlich erscheint das Tier, ein Mann mit dem Kopf eines Löwen - Symbol für die schwarze

Rose (die verborgene Schönheit). Er wird wütend und droht dem Vater, ihm erst dann zu verzeihen, wenn dieser ihm seine Tochter verspricht. Der Vater sagt zu und wird von dem Tier reich beschenkt.

Die Schöne besucht das Tier in seinem Schloß. Sie erkennt seine Güte und beobachtet es weiter. Das Schloß ist wunderschön, und ihr zu Ehren werden wunderbare Feste gegeben. Eines Tages findet sie in einem Turm einen Spiegel, der plötzlich zu sprechen beginnt: „Mit der Zeit wirst du in deinem Herzen die Wahrheit erkennen".

Die Schöne hat von nun an einen immer wiederkehrenden Traum, in dem sie sich an einem See befindet und einem hübschen Prinzen begegnet. Ein altes Weib sagt ihr, sie müsse etwas über die Schönheit des Geistes lernen. In ihrem Herzen wächst das Mitgefühl für das Tier.

Eines Tages wird der Vater des Mädchens krank, und sie möchte ihn besuchen. Das Tier bittet sie, innerhalb von drei Wochen zurückzukehren: „Ohne dich werde ich sterben". Sie bleibt jedoch länger fort, als er ihr zugestanden hat, und als sie in einen Spiegel schaut, sieht sie das Tier am See liegen und sterben. In diesem Augenblick wird ihr bewußt, daß sie das Tier liebt. Sie eilt zurück zum Schloß, findet den See, nimmt den Kopf des Tieres in ihre Arme und sagt ihm, daß sie es liebt. Ihre Tränen fließen über sein Haupt, und als es sich bewegt, geht sie zum See, um ihm etwas zu trinken zu holen. Als sie sich bückt, sieht sie in der sich spiegelnden Fläche des Sees den Prinzen aus ihrem Traum. Als sie sich umdreht, steht vor ihr ein wunderschöner Prinz.

Der Prinz erzählt der Schönen, daß er einst eine häßliche Frau, die das Schloß besucht habe, schlecht behandelt hätte. Sie habe ihn verflucht und ihn in ein Tier verwandelt. Der Zauber würde nur gebrochen, wenn ein anderer Mensch die wahre innere Schönheit des

Tiers erkennen würde. Es war die Schöne, die den Zauber durch ihre bedingungslose, aufrichtige Liebe gebrochen hat.

Die Geschichte *Die Schöne und das Tier* ist eine begeisternde Fabel, die das Herz zum Klingen bringt. Und die Moral von der Geschichte ist immer und immer wieder dieselbe: Die Schönheit liegt im Auge des Betrachters. Im traditionellen Tarot heißt diese Karte *Kraft* und wird oft durch eine schöne Frau dargestellt, die das Maul eines Löwen öffnet!

Wenn diese Karte in Ihrem Legemuster auftaucht, sollten Sie die wunderbare Gabe der Liebe in Ihrem Leben akzeptieren - aber nicht nur das, was Sie mit Ihren physischen Augen sehen können, sondern vor allem das, was Sie als Wahrheit fühlen und erkennen. Wenn wir uns dem Geist unserer inneren Führung und unseren Träumen öffnen und uns trauen, unseren Herzen zu folgen, dann wird uns die wahre Liebe geschenkt. Die Liebe trägt oft eine Maske, so wie die Wahrheit. Schauen Sie hinter die Maske, jenseits der Welt der Persönlichkeit und jenseits der Oberfläche und hinter das Stereotype. Wo Dunkelheit ist, sehen Sie das Licht. Wo Schmerz ist, schicken Sie heilende Gebete und Gedanken hin. Wo Disharmonie herrscht, säen Sie die Saat der Zufriedenheit und der Freude. Bringen Sie Ihren Lieben, Ihren Freunden, Ihrer Umgebung - der ganzen Menschheit gegenüber Wärme und Großmut zum Ausdruck. Wenn Sie in den Spiegel Ihrer Seele schauen, empfinden Sie Dankbarkeit für die wunderbare Gabe göttlichen Lebens und ewiger Liebe.

Archetyp im traditionellen Tarot: *Kraft*
Beherrschendes Tierkreiszeichen: *Löwe*

IX
Schneewittchen

Schneewittchen

In dem Märchen *Schneewittchen und die sieben Zwerge* liegt eine großartige Lektion über den Dienst an der Menschheit und über die Anwendung weiser Unterscheidungskraft verborgen.

Kurz vor Schneewittchens Geburt ist ihre Mutter mit einer Näharbeit beschäftigt und sticht sich dabei mit einer Nadel. Als sie das Blut fließen sieht, wünscht sie sich ein Kind *mit Lippen so rot wie Blut, eine Haut, so weiß wie Schnee, und Haar so schwarz wie Ebenholz*. Bald darauf erblickt Schneewittchen das Licht der Welt, aber ihre Mutter stirbt bei der Geburt.

Schneewittchens Stiefmutter ist eine schöne, aber böse, eitle und eifersüchtige Königin. Als sie den magischen Spiegel fragt - Symbol für die Suche nach perfekter Schönheit (ein Aspekt des Tierkreiszeichens *Jungfrau*, das diese Karte beherrscht) -, wer die Schönste im Land sei, antwortet der Spiegel: „Schneewittchen". Die Königin ist so wütend, daß sie einem Jäger befiehlt, Schneewittchen zu töten und ihr als Beweis für den Tod des Kindes dessen Herz zu bringen. Der Jäger - Symbol für Menschlichkeit, Sterblichkeit und Bescheidenheit - hat Mitleid mit dem Mädchen und läßt es gehen; der Stiefmutter bringt er als Beweis das Herz eines jungen Tieres.

Schneewittchen, sieben Jahre alt, ist allein im Wald und sucht nach Schutz und Zuflucht. Sie ist auf einer symbolischen Pilgerreise auf der Suche nach Weisheit. Sie findet eine kleine Hütte mit sieben Betten und sieben Tellern - wobei die Zahl 7 für eine größere spirituelle Wandlung steht. Als die Zwerge, die den ganzen Tag in den Diamantminen gearbeitet haben, sie finden, ist sie in einem der Betten fest eingeschlafen. In der Originalversion der Geschichte sind die Zwerge Gnome. Die Gnome stehen für die Weisheit der Erde, das innere Licht, das in der Tiefe unseres Planeten leuchtet. *Schneewittchen* wächst in seiner höheren Weisheit, indem es sich um die Gnome kümmert - ihr Haus reinigt und für sie die Mahlzeiten zubereitet.

Indem die böse Königin ihren magischen Spiegel befragt, wer die Schönste im ganzen Land ist, findet sie heraus, daß Schneewittchen noch lebt. Über viele Jahre hinweg versucht die Stiefmutter drei weitere Male, Schneewittchen zu töten. Das erste Mal verkleidet sie sich als alte Krämerin, die Schnürriemen feilbietet. Die Alte schnürt sie so fest, daß ihr der Atem (Geist) vergeht. Die Gnome finden sie und bringen sie wieder ins Leben zurück. Beim zweiten Versuch verwandelt sich die Stiefmutter in eine Frau, die Kämme verkauft. Schneewittchen wird wieder überlistet und kauft einen - der ihren Kopf und ihre Kopfhaut (Ego-Identität) vergiftet. Noch einmal retten sie die Zwerge. Beim dritten Mal verwandelt sich die Stiefmutter in eine alte Frau, die Äpfel verkauft, die sie heimlich vergiftet hat. Schneewittchen, dem es immer noch an der weisen Unterscheidungskraft mangelt, nimmt einen Bissen des vergifteten Apfels und fällt wie tot um. Sie liegt in einem tiefen Koma, aus dem sie die Zwerge nicht herausholen können.

Die Weisheit der Erde hat ihren Lauf genommen, und Schneewittchen ist bereit für seine endgültige Initiation. Das Mädchen kann nicht für immer in der Hütte (Dunkelheit) bleiben, weshalb die Zwerge sie in einen gläsernen Sarg legen, wo das Licht, das durch den Wald strömt, ihren Körper, ihr Herz und ihre Seele erleuchten kann. Sie muß *ins Licht gehen*. Ihre innere Arbeit - ihre Pflichterfüllung für die Zwerge durch Saubermachen, Nahrung geben, Bescheidenheit - ist vollendet. Der Prinz kann kommen. Er hebt sie hoch und nimmt sie auf sein Pferd. Dabei fällt das Stück vergifteten Apfels aus ihrer Kehle. Das ist eine symbolische Reinigung des Halschakras und eine Wiedererlangung von Schneewittchens ursprünglicher Weisheit. Mit ihrem *Animus* (dem Prinzen) verbunden, wird sie eins und im Licht gekrönt (siebtes Chakra).

Traditionell steht diese Karte in den Großen Arkana für *Der Eremit*, oft als weiser alter Mann oder alte Frau dargestellt. Durch die Pilgerreise und die Odyssee von Schneewittchen lernen wir, wie wir heil werden können - nämlich dann, wenn alle Aspekte des Seelenlebens und des Persönlichkeitslebens vereint und integriert sind. In einem Zustand der Isoliertheit oder des Getrenntseins zu leben bringt weder Glück noch Zufriedenheit. Die aktive Arbeit, die wir aufgefordert sind, im Leben zu verrichten, ist nur zum Teil physisch, emotional und mental. Es gibt auch eine Seelenarbeit - unseren Dienst am Menschen, Chance und Herausforderung, ein „Licht für die Welt“ zu sein.

Wenn diese Karte in Ihrem Legemuster auftaucht, sind Sie vielleicht an einem kritischen Punkt Ihrer Reise zur spirituellen Erleuchtung angelangt. Reflektieren Sie über Ihre kürzlichen Reisen, Studien und zwischenmenschlichen Erfahrungen. Unterscheiden Sie genau bei Ihrer Wahl von Geschäftspartnern und persönlichen Gefährten. Lassen Sie Ihr irdisches Leben die Sehnsucht Ihrer Seele widerspiegeln, einen Dienst an der Menschheit und an der Natur in ihrer Vielfalt zu tun. Verbannen Sie jene Aspekte Ihres Selbst, die klein, rachsüchtig und für andere schädlich sind. Lassen Sie Ihre Worte, Ihre Warmherzigkeit und Ihr Verständnis zu einem inneren strahlenden Licht werden, das Freunde, Verwandte und die Menschheit heilen kann.

Archetyp im traditionellen Tarot: *Der Eremit*
Beherrschendes Tierkreiszeichen: *Jungfrau*

X
Alice im Wunderland

Alice im Wunderland

Zu Beginn der beliebten Kindergeschichte *Alice im Wunderland* sitzt Alice an einem heißen Sommertag neben ihrer Schwester auf einer Bank am Fluß. Später, als ihre heldenhaften Abenteuer im Land der Träume und vielfarbiger Visionen vorüber sind, kehrt sie genau an diese Stelle am Flußufer zurück. Ihre Seelenreise mit dem Weißen Kaninchen, dem Märzhasen, Tweedledum und Tweedledee, der Maus und der Raupe, der Katze - pointiert geschaffene Gestalten, allen voran die Herzkönigin - und anderen bizarren Figuren ist ein vollständiger Zyklus, ein spiralförmiger Tanz des Geistes, eine Odyssee gewesen. Alles in *Alice im Wunderland* führt uns zu dem Bild der zehnten Karte der Großen Arkana, *Rad des Schicksals*.

Schon immer haben Kinder Karussells, Riesenräder und magische Spinnräder aller Art geliebt. Das alte *Rad des Schicksals* ist ein Symbol für die zahlreichen Erfahrungen eines Lebens, das Auf und Ab, das Rad vieler Leben, die spirituelle Realität der Reinkarnation. Nach der Karte *Der Eremit*, die für den Dienst an der Menschheit und für die Erleuchtung der Welt steht, deutet die Karte *Rad des Schicksals* auf die Notwendigkeit hin, sich auf eine zukünftige Inkarnation und das soviel wichtigere spirituelle Leben vorzubereiten.

Zwei Charaktere - zu Beginn und am Ende von *Alice im Wunderland* - betonen die spirituellen Hauptthemen dieser Karte: Das

Weiße Kaninchen, das Alice ins Wunderland führt, zieht aus seiner Tasche eine Uhr und sagt immer wieder, daß es zu einem wichtigen Termin zu spät komme. Hier geht es um das Schlüsselthema *Zeit*, den großen Zyklus von Minuten, Stunden, Tagen, Monaten und Jahren - die Räder der Zeit, die Rad für Rad die Ewigkeit zu füllen scheinen. Als Alice in das Kaninchenloch und somit in eine andere Dimension der Zeit fällt, ist die äußere Uhr außer Kraft gesetzt.

Später kreischt die seltsame Gestalt der Herzkönigin immer wieder: „Köpft sie!" Es scheint, als ob dem Denken und den intellektuellen Aspekten des Geistes in diesem Stadium der Realität Einhalt geboten werden müßte. Man muß, irgendwie, eine wahre Herzkönigin werden und in das Zentrum des Lebens vordringen, wo der Puls des Lebens am stärksten ist. Ironie des Schicksals: Als Alice am Ende der Geschichte aufwacht, sieht sie das gesamte Kartenspiel durch die Luft wirbeln und auf sie herabflattern. Interessanterweise steht die Karte *Alice im Wunderland* in der Mitte der Reise durch die Großen Arkana, also im Zentrum.

Eine weitere Aussage der Karte *Alice im Wunderland* ist die: Das gesamte Leben ist ein Traum. Bereits Plato, Shakespeare und andere Autoren haben unsere Gedanken in diese Richtung gelenkt, und Lewis Carroll (im wahren Leben ein Mathematiklehrer und Bibliothekar namens Charles Dodgson) schuf seine Abenteuer für Alice Liddell, ein englisches Kind, im Jahr 1864. Carroll liebte die Welt der Spiele und hatte Spaß daran, mit seinen Romanen die Phantasie der Kinder spielerisch zu wecken. Das konstante Spiel mit Worten in dieser Geschichte geht außerordentlich tief und enthüllt die weitschweifige Logik und das spielerische Element der Sprache.

Wenn diese Karte in Ihrem Legebild auftaucht, sollten Sie sich das Leben aus einer höheren Perspektive ansehen. Beschäftigen Sie sich mit Ihren Träumen und führen Sie ein Tagebuch über Ihre außerkörperlichen Reisen. Vielleicht liegt das Glück um die nächste Ecke. Erhoffen Sie eine Drehung des Glücksrads zu Ihren Gunsten! Seien Sie der ewige Optimist! Seien Sie sich bewußt, daß die Macht Ihres Bewußtseins, ein Recht auf Wohlstand zu haben, Ihr As im Ärmel ist. Nutzen Sie die goldene Gelegenheit, die vor Ihnen liegt. Das Glück ist mit Ihnen! Lassen Sie ihm seinen Lauf!

Archetyp im traditionellen Tarot: *Rad des Schicksals*
Beherrschender Planet: *Jupiter*

XI
König Midas

König Midas

In der Entwicklung des Tarots ist diese Karte immer als weibliche Gestalt, manchmal mit verbundenen Augen, als kosmische Gerechtigkeit dargestellt worden. Auf einem Thron sitzend, ein Schwert spiritueller Macht in der rechten und die Waagschalen der göttlichen Gerechtigkeit in der linken Hand, trug die Göttin der Weisheit im alten Griechenland den Namen Themis und im alten Ägypten Ma'at. Wenn man in das andere Leben hinüberging, mußte man „seine Konten ausgleichen", und in den himmlischen Waagschalen wurde die menschliche Seele gewogen. Die Kindererzählung *König Midas* ist eine tiefgehende Lektion zu diesem Thema.

In dem Märchen hat König Midas eine wunderschöne Tochter, die er sehr liebt; aber noch näher seinem Herzen steht der Wunsch nach Gold. Als er eines Tages seine Reichtümer zählt, erscheint ein Fremder und fragt ihn, was er sich am allermeisten in der Welt wünscht. Ohne nachzudenken wünscht sich der König, daß alles, was er berührt, zu Gold wird. Der geheimnisvolle Fremde verspricht ihm, bei Sonnenaufgang des nächsten Tages werde sein Wunsch in Erfüllung gehen. Als sich am Morgen die ersten Strahlen der Sonne in das Zimmer des Königs stehlen, stellt der König zu seinem Erstaunen fest, daß sein Wunsch tatsächlich in Erfüllung gegangen ist: Ein Stuhl, sein Bett und selbst die wunderschönen Rosen im

Garten werden durch seine Berührung zu Gold. Seine Tochter jedoch, die Rosen liebt, läuft völlig verstört zu ihrem Vater. Der König streckt die Arme aus, um sie zu trösten, und verwandelt auch sie, oh Entsetzen, zu Gold.

Außer sich vor Gram, trifft der König noch einmal auf den Fremden, der den mächtigen Herrscher fragt, ob er seine Lektion gelernt habe. König Midas bittet darum, ihm die Gabe, alles in Gold verwandeln zu können, wieder zu nehmen. Der Fremde rät ihm, in einem See mit einer besonderen Vase zu baden und sie mit Wasser aus der Tiefe des Teiches zu füllen. Dies bedeutet ein rituelles Reinigen seiner Sünden der Habsucht und des Stolzes. Wenn Midas dieses Wasser auf alles, was er zu Gold habe werden lassen, gieße, würden seine kostbaren Gegenstände wieder in ihre natürliche Beschaffenheit zurückverwandelt - so lautet das Versprechen des Fremden. Seine Worte werden wahr, und König Midas kann seine Tochter und die wunderschönen Rosen im Garten zu neuem Leben erwecken.

Die eindeutige Moral dieses Märchens ist einfach: Es gibt etwas, das viel kostbarer und unserem Herzen viel näher steht als alle materiellern Reichtümer oder alles Gold der Welt: die Schönheit und Heiligkeit des Lebens um uns herum. Und: Wir sollen über unsere Handlungen im voraus nachdenken, denn unsere sehnlichsten Wünsche könnten wahr werden und vielleicht mehr Kummer als Glück schaffen.

Wenn diese Karte in Ihrer Legung auftaucht, seien Sie empfindsam und liebevoll zu den Menschen in Ihrer Umgebung und drehen Sie Eigenschaften wie Habgier und Gier den Rücken. Achten Sie die einfachen und schönen Dinge des Lebens, indem Sie sich bewußt machen, daß nicht alles, was glänzt, unbedingt Gold sein muß. Die sanfte Berührung eines geliebten Menschen mag wichtiger sein, als Geld zu verdienen oder der Kampf um eine Beförderung. Balancieren Sie Ihr Leben aus. Trauen Sie Ihrer intuitiven Eingebung und stellen Sie Intuition über die Logik des kühlen Verstandes. Wägen Sie Ihre Entscheidungen sorgfältig ab, damit Sie sich und die Menschen, die Sie lieben, nicht verletzen!

Archetyp im traditionellen Tarot: *Gerechtigkeit*
Beherrschendes Tierkreiszeichen: *Waage*

XII
Hans und die Bohnenstange

Hans und die Bohnenstange

Die alten Bilder des *Gehängten*, der zwölften Karte der Großen Arkana, zeigen immer einen Menschen, der an einem Kreuz aus Holz hängt - eine Gestalt kopfüber, mit gekreuzten Armen hängend. Dieses Bild wird mit verschiedenen Mythen über den sterbenden Retter, den Messias, in Verbindung gebracht, der vom Himmel auf die Erde kommt, um die Menschheit zu erlösen. Es ist jemand, der seine oder ihre Ansicht des Lebens umkehrt, als Symbol für die Notwendigkeit, sich zu opfern und spirituell Buße zu tun.

In dem Märchen *Hans und die Bohnenstange* kümmert sich ein Junge nach dem Tod des Vaters um seine arme Mutter (Symbol für den unerfüllten Reichtum der Erde) und klettert in eine andere Welt (den Himmel), um neue Reichtümer für die menschliche Seele zu entdecken. In diesem Drama bittet Hans' Mutter ihren Sohn, ihre letzte Kuh zu verkaufen und mit dem Erlös Lebensmittel zu besorgen. Aber Hans erwirbt magische Bohnen und bringt sie nach Hause. Die Mutter hält die Bohnen für wertlos und wirft sie in den Garten. Während sie Tränen über ihr trauriges Schicksal vergießt, schaut Hans hinaus und sieht, daß über Nacht eine mächtige Bohnenstange gewachsen ist, die bis über die Wolken hinaus in den Himmel reicht. Hans klettert mehrere Male die Bohnenstange hinauf und besucht ein wundersames

Schloß im Himmel, das von einem Riesen und dessen Frau bewohnt wird. Schließlich gelingt es Hans, einige Reichtümer zu ergattern: Eine Henne, die goldene Eier legt, Säcke mit Gold und eine magische Harfe, die von alleine spielt. In der Schlußszene jagt der Riese Hans die Bohnenstange hinunter, aber der junge Mann kann sie fällen, so daß der Riese zu Tode stürzt. Es ist Hans' Wagemut und sein Erfindungsreichtum, die Reichtum und Überfluß zur Familie zurückbringen. In einer anderen Version der Geschichte tötet der Riese Hans' Vater und nimmt der Familie ihr Hab und Gut.

Der Gehängte muß das Leben aus einer neuen, entgegengesetzten Perspektive anschauen, um sich der neuen Geburt des Bewußtseins auszuliefern, die ihn auf der nächsten Etappe des Pfades erwartet (*Der Tod*, XIII). Hans muß einen anderen, höheren Bereich erreichen, um „sein Glück umzukehren". Er darf nicht länger von der physischen Realität, die vor ihm liegt, abhängig sein. Indem er es wagt, eine neue Dimension des Bewußtseins zu erkunden, ist er fähig, eine Quelle unerschöpflichen Reichtums in die Welt zu bringen.

Das Problem des Verzichts ist ein starkes Element dieser Karte. Hans verzichtet auf die Kuh, um die magischen Bohnen erwerben zu können. Der Erwerb der magischen Bohnen bedeutet, daß Hans nicht länger der Welt der Logik verhaftet bleiben kann. In gewisser Weise geht er eine Wette ein, daß aus der sprießenden Saat magisches neues Leben erwachsen kann. Auch seine Mutter erlebt einen rituellen Verzicht, indem sie alle Hoffnung aufgibt und die Bohnen in den Garten wirft. Ihre Tränen sind eine emotionale Befreiung, ein Aufgeben all ihrer unterdrückten Verletzungen und Ängste. Auch das ist ein magischer Akt, der die Zukunft des Lebens dieser beiden Menschen verändert.

Jede menschliche Seele trägt eine schwere Bürde, und die Bohnenstange als Verbindung zwischen Himmel und Erde symbolisiert das Kreuz, das jeder von uns tragen muß. Ein Teil unserer Lektion ist es zu lernen, daß wir den Riesen besiegen können, der Phobien, Ängste vor dem Unbekannten und Monster des Hasses, der Gier und der Wut personifiziert, die in den Schattenregionen unserer Psyche herumlungern.

Wenn diese Karte in Ihrem Legemuster auftaucht, sollten Sie Ihr Leben und Ihre allernächsten Beziehungen aus einer neuen Perspektive anschauen. Bitten Sie um Klarheit. Verbessern Sie Ihre Haltung und werden Sie gewahr, daß Ihr Rückgrat wie eine spirituelle Bohnenstange ist, die göttliche Impulse Ihren Körper hinauf- und hinunterschickt. Machen Sie sich bewußt, daß Sie riesige Probleme mit nur ein wenig Erleuchtung besiegen können. Sie können Ihre Welt verändern: Durch die Macht der positiven Gedanken und die Fähigkeit, sich im Überfluß des Lebens zu sehen. Schlagen Sie eine neue Seite im Buch des Lebens auf. Überlassen Sie sich dem Fluß. Geben Sie sich Ihrem göttlichen Schicksal hin!

Archetyp im traditionellen Tarot: *Der Gehängte*
Beherrschender Planet: *Neptun*

XIII
Dornröschen

Dornröschen

In dem Märchen *Dornröschen* wird einem König und einer Königin eine Tochter geboren, und Prinzen und Prinzessinnen und alle Feen zu einem großen Fest geladen. Zu dem Fest erscheinen zwölf Feen und bringen ihre Gaben dar, eine Vielzahl guter Wünsche, nur eine Fee - die dreizehnte, die Böse Fee - ist nicht geladen worden. Die Fee platzt in die Feier herein und verflucht das Kind mit dem Wunsch, daß es sich an seinem dreizehnten Geburtstag an einer Spindel stechen und daran sterben soll. Der König, die Königin und die Gäste sind entsetzt; aber eine Gute Fee, die letzte, hat ihren Wunsch noch nicht ausgesprochen. Sie kann den Fluch der Bösen Fee nicht vollständig aufheben, sondern nur mildern, so daß das Mädchen, wenn es sich in den Finger gestochen hat, für einhundert Jahre schlafen wird.

Um seine Tochter vor dem Fluch zu bewahren, befiehlt der König, alle Spindeln aus dem Königreich zu entfernen. Eines Tages, als aus dem Kind ein junges Mädchen geworden ist, betritt es einen alten Raum in einem hohen Turm, wo es die Böse Fee findet, die ihren Flachs spinnt. Nicht lange, und der Fluch geht in Erfüllung, als sich das junge Mädchen mit der goldenen Spindel sticht. Im selben Augenblick fällt sie und jeder im Königreich in einen tiefen Schlaf, der einhundert Jahre dauern soll. Am Ende dieser Zeit schwingt ein junger Ritter sein Schwert und durchtrennt die

Dornenhecke, die um das Schloß gewachsen ist. Er betritt das Gebäude und findet den ganzen Hofstaat schlafend vor. Als er auf die schlafende Schönheit, Dornröschen, trifft, küßt er sie auf die Stirn. Der böse Zauber wird gebrochen, sie wacht auf und mit ihr das ganze Königreich. Schließlich ist die Familie wieder vereint und die Freude im Land groß.

Die Geschichte von Dornröschen steht für den langen Prozeß der Reifung, und jenen Punkt im Zyklus, an dem ein unschuldiges Mädchen in die fremde Welt der Erwachsenen eintritt und mit der Menstruation zur Frau wird (symbolisiert durch *Dornröschen*, die sich mit der Spindel in den Finger sticht und dann auf die Beziehung wartet, die ihr ein neues Leben bringen wird mit Hochzeit, Familie und weltlichen Pflichten). In dem schlafenden Teil des Märchens liegt die Betonung auf Empfänglichkeit, der ruhigen Zwischenzeit von mehreren Jahren, in denen äußerlich nichts Großartiges für einen jungen Menschen zu geschehen scheint, sondern nur innere Veränderungen, die eine sexuelle und emotionale Transformation bewirken. Während die Zeit des Heranwachsens für Mädchen durch den monatlichen Fluß des Menstruationsblutes und die Entwicklung zu einer jungen Frau symbolisiert wird, geschieht dies für Jungen durch den Stimmbruch, wachsende Kraft und die Fähigkeit, sich in der Welt zum Ausdruck zu bringen.

Diese Veränderung des Lebens oder Transformation ist für ein Kind der Prozeß von Tod und Wiedergeburt. In der Geschichte verflucht die dreizehnte Fee die Tochter zum Tod. Diese Karte, Der *Tod*, ist auch die Zahl *13*. Dennoch wird dieser tödliche Fluch schnell in einen Schlaf von einhundert Jahren verwandelt. Tod und Schlaf sind in der Geschichte unmittelbar miteinander verbunden. Wir lernen, daß Tod niemals die Seele oder den göttlichen Funken des Lebens im menschlichen Wesen töten kann. Tod ist ein langer Schlaf, aus dem wir erwachen, um schließlich mit unseren Lieben wieder vereint zu sein. Der Zeitraum von einhundert Jahren ist ein Entwicklungszyklus, der in etwa der Zeit entspricht, in der eine menschliche Seele erneut inkarnieren kann, eine Zeit des Lernens auf den inneren Ebenen, bevor die Seele auf die irdische Welt zurückkehrt.

Selbst in der griechischen Mythologie wurden Schlaf und Tod - *hypnos* und *thanatos* - als „Brüder" angesehen. Wir wissen, daß jeder abendliche Schlaf ein „kleiner Tod" ist, eine Chance, die Triumphe und Fehler des Gestern sterben zu lassen und sich vor den Chancen und Herausforderungen des neuen Morgens auszuruhen. Der Ritter auf dem Rücken des Pferdes auf dieser Karte bietet Dornröschen den „Kuß des Bewußtseins" in der Form von Sternenstaub. Er steht für den aktiven Aspekt von Dornröschens höherer Existenz, ihrer Kraft in der Berührung mit ihrer göttlichen Natur.

Schließlich kann die Seele als das wahre Dornröschen, als die schlafende Schönheit, angesehen werden. Sie schläft, bis das Gleichgewicht von weiblich und männlich eine göttliche Hochzeit von Himmel und Erde, Geist und Materie, feiert. Wenn die Menschheit Reinkarnation und kosmische Entwicklung als Tatsache akzeptiert, wird der Tod seinen Schrecken verlieren und als langer Schlaf, als Intervall der Zeit, angesehen werden, in dem die Seele in die Weisheit eingehen kann - als Ernte der großen Abenteuer ihres irdischen Lebens auf diesem Planeten.

Wenn diese Karte in Ihrem Spiel auftaucht, steht vielleicht eine lange Zeit der *Kontemplation* an. Lassen Sie sich von dem langsamen Wachstum in dieser Zeit nicht abschrecken. Treten Sie mit Mut und Gelassenheit ein in die Welt der Träume, Archetypen und Symbole. Lernen Sie in diesem empfangenden Zustand. Etwas äußerlich zu tun ist nicht immer eine Antwort. Lassen Sie die Vergangenheit los. Wie die Raupe, die sich in einen Schmetterling verwandelt, findet tief unten in der Tiefe Ihres Seins ein magischer Prozeß statt. Schließlich werden Sie die Flügel ausbreiten und sich wie ein Adler über bisher unbekannte Reiche des Wissens emporschwingen.

Der Prozeß der Metamorphose ist gefährlich, aber jedes Kind muß durch diese Zeit des Reifens hindurch, bevor es erwachsen werden kann. Der junge Mensch muß das sichere Netz der Kindheit verlassen, aber die Spiele und Sorgen jener Zeit werden in seiner Phantasie weiterleben.

Diese Karte steht auch für die heilende Kraft des Schlafes. Ohne ausreichende Ruhe können die Zellen unseres Körpers nicht richtig arbeiten, und das Immunsystem wird bis an die Grenze seiner Belastbarkeit gebracht. Betrachten Sie den Frieden und die Ruhe des Schlafes als eine Zeit der Entspannung und Erholung. Während des Schlafes verliert die Seele ihr „Angekettetsein" an den physischen Körper und reist in die spirituelle Welt (während sie durch die Silberschnur, den Faden des Bewußtseins, weiterhin mit dem Körper verbunden ist). Genießen Sie diese nächtlichen Ausflüge in andere Dimensionen und bringen Sie die Früchte jener Erfahrungen mit zurück in Form wundersamer Träume, Visionen und Pläne für die Zukunft.

Archetyp im traditionellen Tarot: *Tod*
Beherrschendes Tierkreiszeichen: *Skorpion*

XIV
Der Schutzengel

Der Schutzengel

Über die Jahrhunderte hinweg ist die vierzehnte Karte der Großen Arkana als Engel oder Erzengel dargestellt worden, oft indem dieser ein magisches Elixier von einer Schale in eine andere schüttet, mit einem Fuß auf festem Boden und dem anderen in einem Teich stehend. Diese Gestalt unter der Bezeichnung *Mäßigkeit* steht für die Vereinigung der Energien von Geist und Seele. Auf einer anderen Drehung der Spirale repräsentiert sie den alchimistischen Prozeß, durch den eine menschliche Persönlichkeit mit göttlichem Licht und göttlicher Weisheit erfüllt wird. Im *Tarot für das Innere Kind* ist diese Karte *Der Schutzengel* - das Wesen, das über die Entwicklung eines Kindes wacht und es in schwierigen Zeiten beschützt und heilt.

Im Mittelalter stellten die großen europäischen Maler die Köpfe der Engel mit einem Heiligenschein dar - kosmisches Zeichen dafür, daß diese Wesen in spirituellem Licht standen und Boten Gottes waren. Später wurden Heilige, Priesterinnen, Magier und andere göttliche Boten (die wörtliche Bedeutung des Wortes *Engel*) auch mit einem Heiligenschein versehen. Auf diese Weise geschehen im Reich der Menschen göttliche Verherrlichung und Einweihung. Schutzengel werden entweder als Kräfte außerhalb unseres Selbst angesehen, die uns vor Gefahr bewahren, als Seelenaspekte unserer Identität oder sogar als unser Höheres Selbst.

Während *Mäßigkeit* (im Englischen *temperance*) zum Teil Mäßigung und Enthaltsamkeit bedeutet, hat das Wort eher noch mit dem lateinischen Begriff *tempor* zu tun - eine Zeitspanne oder eine Phase für alle Dinge unter dem Dach des Himmels. Es gibt auch eine Verbindung zu dem lateinischen *temperare*, was „mischen oder regulieren“ bedeutet. Aleister Crowley nannte diese Karte, als er sein Tarotdeck schuf, *Kunst*. Wenn man schöne Kunst oder Musik schaffen will, kombiniert man die Kräfte der Engel oder die höheren Kräfte der Inspiration mit physischen Materialien und Instrumenten. Das ist eine Reminiszens an die jahrhundertealte Faszination der Alchimie, der Verwandlung von Blei zu Gold, wobei Blei die unerleuchtete Persönlichkeit und Gold der beseelte spirituelle Schüler bedeutet.

In esoterischen Zirkeln, die sich mit Meditation, Visualisierung und magischen Ritualen beschäftigen, ist es oft Ziel, ein Gespräch oder ein Treffen mit dem eigenen Schutzengel zu erreichen. Offensichtlich sind alle menschlichen Wesen mit der Gegenwart von Engeln gesegnet, die uns durch die Inkarnationen führen und sich um uns kümmern. Eine überstrahlende Gestalt, die man als „guter Engel“ bezeichnen könnte, wacht über uns. Wenn wir die Schwelle, die als Tod bezeichnet wird, überschreiten, verschmelzen wir mit dem Licht dieses Engels. Mehr und mehr Menschen offenbaren ihre Erlebnisse, die oft Begegnungen mit einem Schutzengel oder einem hohen Lichtwesen einschließen und zu einer völligen Kehrtwendung im Leben dieser Menschen geführt haben. In Kindergeschichten sind Feenköniginnen, hilfreiche Zauberer und gute Feen Variationen des Themas „Schutzengel“.

Wenn diese Karte in Ihrem Legemuster auftaucht, sollten Sie Ihr Herz und Ihren Verstand den sanften Rhythmen öffnen, die Ihr Gefühl für Gleichgewicht und Balance heilen können. Wenn wir große Veränderungen in unserem Leben vornehmen, brauchen wir oft Schutz und Führung. Es ist sehr wichtig, sich als kleines Kind sicher zu fühlen. Das christliche Gebet mit der Anrufung des Schutzengels hat vielen Kindern Frieden gebracht.

Ähnlich geht es uns Erwachsenen: Wenn wir in Gefahr sind oder Zweifel haben, hüllen wir uns in weißes Licht. Fühlen Sie sich sicher und geborgen? Bitten Sie um die Hilfe höherer Mächte. Sie werden kommen und Sie liebevoll umarmen!

Archetyp im traditionellen Tarot: *Mäßigkeit/Kunst*
Beherrschendes Tierkreiszeichen: *Schütze*

XV
Der große böse Wolf

Der große böse Wolf

Im Tarot heißt die fünfzehnte Karte der Großen Arkana meistens *Der Teufel.* Künstler haben diese Gestalt entweder als tierähnliche Kreatur mit riesigen Flügeln oder als dämonisches Gesicht mit Hörnern dargestellt, wobei ein Mann und eine Frau an den Thron gekettet sind - ein Kubus als Symbol für die vierseitige materielle Welt. Im *Tarot für das Innere Kind* ist die traditionelle Karte *Der Teufel* durch *Der große böse Wolf* ersetzt worden.

Der Wolf taucht in vielen Kindergeschichten auf, vor allem in *Rotkäppchen*, *Die drei Schweinchen* und *Peter und der Wolf.* Er steht gewöhnlich für die Personifizierung des Negativen, des Bösen, des Dunklen und dessen, das uns verderben und uns das Leben nehmen will. In der englischen Sprache wird der Begriff *evil* (das Böse) rückwärts gelesen zu *live* (Leben), und *devil* (Teufel) wird umgekehrt gelesen zu *lived* (gelebt). Der Fuchs ist eine andere Variation des *großen bösen Wolfes*, der in vielen Kinderliedern auftaucht; in den Geschichten von Onkel Remus, ist er Brer Fox. Bemerkenswerterweise ist der numerische Wert von *Fox* 666, die sogenannte Zahl des „Tieres" aus der Offenbarung am Ende des Neuen Testaments.

Aus psychologischer Sicht erzählen uns Märchen wichtige Wahrheiten über die dunklen und schattigen Seiten des Lebens. Allerdings deuten sie nicht notwendigerweise auf eine Welt des Bösen hin, sondern enthüllen die Kämpfe des menschlichen Egos, während es im physischen Universum nach Gleichgewicht und Verständnis sucht. Je mehr sich jemand eifrig und rechtschaffen bemüht, die dunkle Seite zu meiden, desto destruktiver kann das Schattenleben werden. Wenn man die Gegenwart von Schatten und die Mysterien der Schöpfung akzeptiert, beginnt das Licht in uns zu wachsen. In der dunklen oder häßlichen Seite der menschlichen Natur liegt die Saat zu wahrer spiritueller Vervollkommnung.

Der große böse Wolf und der schüchterne Fuchs personifizieren die listige, schädliche und boshafte Seite des menschlichen Intellekts. Letztendlich jedoch kann er nicht dominant bleiben, weil er auf Selbstzerstörung programmiert ist. Das zeigt sich durch den Wolf in *Rotkäppchen* und in *Die drei Schweinchen*, durch die Hexe in *Hänsel und Gretel*, die böse Königin in *Schneewittchen* und den Riesen in *Hans und die Bohnenstange*. Wenn die Karte *Der Teufel* in einem Legemuster eines traditionellen Tarotdecks auftaucht, scheint sie einen bedrohlichen Ton zu haben, weil jene Botschaft an Hölle, Scham und Sünde erinnert. *Der große böse Wolf* ist viel eher natürlicherer Ausdruck der teuflischen Kräfte in uns als Symbol für den unbewußten Schatten des Geistes und der kollektiven Dunkelheit (unerleuchtetes Bewußtsein) innerhalb der Menschheit.

Heilung erfährt die menschliche Seele dann, wenn sie die Dunkelheit akzeptiert und sie mit Licht erfüllt. Wenn wir unsere Ganzheit ehren - einschließlich der quälenden Gedanken, der eingebildeten Scham, der scheinbar unverzeihlichen Sünden -, dann sind wir nicht länger Opfer unserer Ängste. Wir werden zu spirituellen Adepten und Eingeweihten des höheren Pfades kosmischer Entwicklung.

Die Darstellung auf dieser Karte ist wichtig. Der Wolf versteckt sich hinter einem Baum in einem kahlen Wald. Fruchtbarkeit und

Wachstum sind verschwunden. Der Turm - Symbol der künftigen Reinigung von den Verhaftungen des Egos, der Lust und Begierde - liegt weit hinten. Der spirituelle Pfad zu höheren Zielen existiert zwar noch, aber die Straße scheint verlassen zu sein, und die Schatten sind zahlreich. Der Wolf darf sich nicht länger verstecken, sondern muß den Mut haben, in das Mondlicht hinauszugehen, um geheilt zu werden - Symbol für die Lösung aus den Banden der Selbstzentriertheit hin zur Auseinandersetzung mit der Welt als Ganzes.

Wenn diese Karte in Ihrem Legesystem auftaucht, umarmen Sie die Ängste, Zweifel und unintegrierten Aspekte Ihrer Seele mit offenem Herzen. Lassen Sie Ihr Licht in die dunklen Regionen Ihres Geistes scheinen. Akzeptieren Sie sich als eine Mischung des höheren und niederen Selbst, als eine Verbindung des geistigen und physischen Körpers. Rufen Sie Ihre Wut, Ihre Eifersüchte und Antipathien auf und verwandeln Sie sie in Freude, Mitgefühl und Verständnis. Wo Trennung ist, säen Sie Harmonie und Zusammengehörigkeitsgefühl. Wo Kummer aus Seelenqual ist, bieten Sie Freunden und Verwandten Herzenswärme und einfache Handlungen der Freundlichkeit an. Verwandeln Sie die Muster der Lüge und des Selbstbetrugs . Lernen Sie, die Wahrheit Ihrer Existenz nach Ihren besten Möglichkeiten auszusprechen und zu leben.

Archetyp im traditionellen Tarot: *Der Teufel*
Beherrschendes Tierkreiszeichen: *Steinbock*

XVI
Rapunzel

Rapunzel

Schon immer war der von einem Blitz getroffene Turm das zentrale Bild für die sechzehnte Karte der Großen Arkana. Durch die Jahrhunderte hindurch wurde sie mit männlichen und weiblichen Gestalten dargestellt, die von der Turmspitze herunterfielen. Dieses Symbol porträtiert die Reinigung des ego-zentrierten Bewußtseins und die Erkenntnis, daß materielle Dinge keine Basis für ein spirituelles Leben sein können. Die Menschheit kann einen Turmbau zu Babel und schimmernde Wolkenkratzer errichten, aber wenn wir uns dem Himmel entgegenstrecken, muß Bescheidenheit unsere größten Anstrengungen und Leistungen begleiten. Das Märchen *Rapunzel* steht im *Tarot für das Innere Kind* für *Der Turm*.

In der Geschichte betet ein Paar um ein Kind. Der Wunsch der Frau wird erfüllt. Während sie schwanger ist, sieht sie auf der anderen Seite ihres Gartenzauns einen wunderschönen Garten. Sie bittet ihren Mann, etwas von dem Gemüse zu holen, das dort wächst. Wie sich herausstellt, gehört dieser Garten einer Zauberin. Der Ehemann wird beim Stehlen der Kräuter erwischt. Die Zauberin ist erst dann bereit, ihm das Leben zu schenken, wenn er ihr seine Tochter verspricht. Hastig stimmt er zu und vergißt aus Liebe zu seiner Frau seinen gesunden Menschenverstand.

Als die Tochter geboren wird, nimmt die Zauberin sie weg. Im Alter von zwölf Jahren (bei Beginn der Pubertät) wird Rapunzel in einen Turm eingesperrt, der keine Treppe hat. Außer ihrer Schönheit besitzt sie eine wundervolle Stimme und lange goldene Haare.

Rapunzel hat nie einen Mann gesehen. Eines Tages hört ein Prinz auf seinem Weg durch den Wald sie singen und beobachtet, wie die Zauberin ruft: „Rapunzel, Rapunzel, laß dein Haar herunter." Rapunzel läßt die Haare aus dem Turmfenster herab und die Zauberin klettert daran hoch. Als die Zauberin verschwunden ist, ruft der Prinz dieselben Worte und klettert an den Haaren hinauf. Zuerst ist Rapunzel erschrocken, aber bald beruhigen sie seine sanfte Stimme und seine liebevolle Art.

Die Zauberin findet die Sache mit Rapunzel und dem Prinzen heraus. Flugs schneidet sie Rapunzel die Haare ab und verbannt das junge Mädchen in eine Wüstenei. Als der Prinz zurückkehrt, nimmt die Zauberin Rapunzels Platz im Turm ein, läßt ihre Haare herunter, und, als der Prinz hochklettert, schneidet sie den Zopf ab. Der Prinz stürzt in die Dornen und verliert sein Augenlicht. Während er blind umherirrt, trifft er in der Einöde auf Rapunzel. Ihre Freudentränen geben ihm seine Sehkraft wieder, und sie leben glücklich und zufrieden, zusammen mit ihren Zwillingen, einem Jungen und einem Mädchen, bis an ihr Ende.

Traditionell hat diese Karte mit dem Planeten Mars zu tun. Das Märchen konzentriert sich auf selbstsüchtige Probleme. Haar ist Ausdruck des Egos. Rapunzel ist unentwickelt, aber im Turm macht sie tiefgreifende Veränderungen durch. Das ist die Symbolik für die Tatsache, daß wir erst dann den Turm betreten können, wenn wir die Pubertät erreicht haben. Dann wachsen wir, ob wir wollen oder nicht, über uns hinaus und werden durch einen Schock zu neuem Bewußtsein geführt. Der Gesang von Rapunzel steht für die Öffnung ihres Halschakras und betont ihren Wunsch, von der Welt gehört und anerkannt zu werden. Ihr langes Haar hat mit der Entfaltung des ego-zentrierten Bewußtseins zu tun.

In Rapunzels Situation ist ihr neues Leben das Erlebnis in der Wüste, wo sie in der Wüste ihre Kinder zur Welt bringt, wobei die Geburt Symbol für ihre Einweihung in eine größere Existenz ist. Der erblindete Prinz steht als Symbol für die Notwendigkeit, unser aktives Verhalten zu stoppen und zu verhindern, von unseren äußeren Sinnen abhängig zu werden. Jedes Individuum, das sich im Realitätsstadium *Der Turm* befindet, muß eine Reise nach innen antreten und seine höheren psychischen Fähigkeiten und intuitiven Gedankenprozesse entwickeln.

Wenn diese Karte in Ihrem Legemuster auftaucht, machen Sie sich auf Erlebnisse gefaßt, die Sie transformieren werden. Das einzige, was jetzt sicher ist, sind Veränderung und Metamorphose. Unerwartete, schockierende Ereignisse können geschehen. Reinigen Sie Ihr Ego von alten Wünschen, Ängsten und Groll. Ein plötzlicher mentaler Durchbruch kann helfen, Sie aus persönlichen Verhaftungen und Begrenzungen zu befreien. Wenn Sie als Maler, Musiker, Baumeister, Designer oder Bildhauer an einem Kunstwerk arbeiten, schauen Sie das Material mit neuen Augen an. Lassen Sie zu, daß Ihre physischen Werkzeuge und Quellen das Licht und die Liebe reflektieren, die von den spirituellen Ebenen des Bewußtseins strahlen. Und lassen Sie, wenn es um soziale und persönliche Dinge geht, „Ihr Haar herunter“! Es ist Zeit für einen Gangwechsel!

Archetyp im traditionellen Tarot: *Der Turm*
Beherrschender Planet: *Mars*

XVII
Der Zauberstern

Der Zauberstern

Auf der höchsten Ebene erzählen die vier letzten Karten der Großen Arkana die Geschichte der menschlichen Seele, während sie über die Schwelle des Todes in das jenseitige Leben (XIII) eintritt, in den Schutzengel (XIV) eintaucht, dem dunklen Engel (XV) begegnet und sich schließlich in *Der Turm* (XVI) von altem Karma reinigt und befreit. Das führt in der siebzehnten Karte zu der Erfahrung *Der Stern* und dem Wiederanzünden des göttlichen Lichts, der Weisheit und der strahlenden Liebe. Im *Tarot für das Innere Kind* heißt diese Karte *Der Zauberstern.*

Die Alten betrachteten Sterne als lebende Wesenheiten, manchmal auch als himmlische Engel. In jüdischen Schriften heißt es: „Jede Geschichte, die ein Mensch hier auf der Erde erlebt, wird zuerst durch den Engel seines Sterns von oben angekündigt.“ Das erinnert uns an die Aussage, die Hermes Trismegistos zugeschrieben wird: „Wie oben, so unten“ - was im Makrokosmos (Sonnensystem) wahr ist, ist auch im Mikrokosmos (dem menschlichen Wesen) wahr oder wird reflektiert.

Die Karte *Der Zauberstern* verbindet uns erneut mit den höheren Kräften des Lebens, seien es Schutzengel oder himmlische Lichtwesen. Die Sterne des Universums spiegeln sich auf der Erde als fünfzackiger Stern, etwa in einem Apfelkern, oder einer fünfblättrigen Blume wie der Rose. Der fünfzackige Stern ist auch

Symbol für den schöpferischen Aspekt der Menschheit und das entwicklungsmäßige Potential eines jeden Individuums. Einen Wunsch auszusprechen, nachdem wir ein Opfer für den Wunschbrunnen gebracht haben, ist die Form eines Gebets und Rituals, das viele Jahrhunderte zurückgeht. Die Verbindung mit dem Wasser deutet auf die verzaubernde Kraft der Wassergöttinnen und des Mondes hin.

Jeder von uns wünscht sich, daß seine Träume Wahrheit werden. Als Kinder verstecken sich diese Wünsche oft in Phantasien und Vorstellungen: „Ich wünschte, ich könnte fliegen“; „Ich wünschte, ich wäre eine Märchenprinzessin“; „Ich wünschte, ich wäre eine Ballerina“; „Wenn ich groß bin, werde ich Feuerwehrmann.“ Der Drang nach einem Wunsch ist magisch. Er bringt uns in Berührung mit einem Potential, das noch in uns schlummert, eine Vision, eine Hoffnung. Zu wünschen heißt, sich dem Annehmen zu öffnen; wir glauben, daß wir die Erfüllung dieses Wunsches verdienen, und wahrscheinlich werden unsere Träume in der einen oder der anderen Form in Erfüllung gehen.

Der Spruch „Achte darauf, was du dir wünschst, es könnte in Erfüllung gehen“, ist eine wichtige Vorsichtsmaßnahme. Während Kinder heranreifen, muß Wünschen zum bewußten Akt werden. Viele Menschen sind sich der Macht der Wünsche oder der beschützenden Gegenwart von Sternen, die sie überstrahlen, nicht bewußt. Machen Sie sich also bewußt, daß es ein heiliger Akt ist, einen Wunsch zu äußern, wenn eine Sternschnuppe am Himmel erscheint - es ist die Anrufung der Großen Mutter und des Großen Vaters, die für jeden von uns himmlische Gaben mit sich tragen.

Wenn diese Karte in Ihrem Legebild auftaucht, wird ein großer Wunsch, eine große Bitte oder Hoffnung bald in Erfüllung gehen. Öffnen Sie Herz und Verstand ihrem inneren Stern, ihrer höheren

Identität, die Sie auf dem Pfad des Schicksals hinaufführt. Vielleicht wandern Sie abends oder kurz vor der Dämmerung hinaus in die Natur und nehmen mit dem Himmel Verbindung auf, indem Sie sich auf die wundervolle Gegenwart eines Planeten, eines wandernden Sterns wie Venus, Mars oder Jupiter einstimmen oder auf einen strahlenden Fixstern wie Antares, Sirius, Aldebaran, Regolus oder Arkturus. Denken Sie daran, Ihre wahre Essenz ist spirituelles Licht, das sich in diesem Leben in der Hülle eines physischen Körpers zeigt. Ihre inständigen Bitten und Gedanken haben die Macht, Freunde, liebe Menschen und die Allgemeinheit auf eine andere Ebene zu heben und zu heilen.

Archetyp im traditionellen Tarot: *Der Stern*
Beherrschendes Tierkreiszeichen: *Wassermann*

XVIII
Aschenputtel

Aschenputtel

Die menschliche Seele hat sich von der Vergangenheit und aus den irdischen Verhaftungen befreit und muß jetzt auf ihrer Sternenodyssee weiterreisen. Die vier letzten Karten der Großen Arkana weben eine Geschichte über die großen Träume der Menschheit (im traditionellen Tarot, *Der Mond*, XVIII), die Anbindung an die göttliche Quelle (*Die Sonne*, XIX), den Ruf nach der Wiedergeburt in menschlicher Gestalt (*Gericht*, XX) und die Schwangerschaft in einem neuen Zyklus der irdischen Entwicklung (*Die Welt*, XXI).

Die achtzehnte Karte der Großen Trümpfe hat immer mit dem Zeichen *Fische* in Verbindung gestanden. Aschenputtel bekommt abwechselnd hölzerne Schuhe und Glasslipper zum Tragen, und *Fische* beherrschen die Füße oder den „verstehenden" Teil des Körpers. Sie reinigt regelmäßig das Haus und ist Sklavin ihrer Stiefmutter und ihrer Stiefschwestern, als Zeichen der *Fische*-Themen: Selbstaufopferung und Märtyrertum. Auf einer höheren Ebene kümmert sich Aschenputtel auch um den magischen Ball, der das Wunder des heranwachsenden Kindes symbolisiert, das Teil der großen Gesellschaft wird und seinen Traumprinzen trifft (das Zeichen *Fische* regelt die Träume). Die Karte *Der Mond* deutet auf lebhafte Vorstellungskraft, Phantasie und tiefliegende Gefühle hin; sie steht auch für den astralen Bereich, der die Erde umgibt, die Dimension des Bewußtseins aller menschlichen Sehnsüchte und Wünsche.

In dem ursprünglichen Märchen ist Aschenputtel die Tochter eines reichen Mannes. Ihre geliebte Mutter stirbt, und der Vater heiratet eine Frau mit zwei eifersüchtigen und kleinlichen Töchtern. Da der Vater oft weg ist und sich die Stiefmutter um das Haus kümmert, wird Aschenputtel ihrer Stellung beraubt und zur Küchenmagd degradiert. Sie schläft in der Küche und muß hölzerne Schuhe tragen. Eines Tages bricht Aschenputtels Vater zu einer Reise auf und fragt seine Töchter, was er ihnen mitbringen soll. Die Stiefschwestern bitten um Juwelen und kostbare Geschenke, wohingegen sich Aschenputtel nur das erste Reis (Zweig) wünscht, das dem Vater auf dem Heimweg an den Hut stößt. Bei seiner Rückkehr bringt der Vater Aschenputtel einen Haselnußzweig mit, den das junge Mädchen auf das Grab seiner Mutter pflanzt. Die Haselnuß steht symbolisch für Schutz: Sie repräsentiert das spirituelle Band, das durch die Kräfte der Unwissenheit und Dunkelheit nicht zerstört werden kann.

Im Laufe der Jahre wird aus dem Haselnußzweig ein wunderschöner Baum, in dem Vögel aus der ganzen Welt ihre Nester bauen. Der Baum steht für die Lebenskraft, die Aschenputtel mit ihrem Ursprung, ihrer Mutter, der Kabbala, dem Baum des Lebens und ihrem Geist (den Vögeln) verbindet. Aschenputtel vergießt jeden Tag am Grab der Mutter Tränen, die den Baum benetzen. So teilt sie ihre tiefsten Kümmernisse und Gefühle mit ihrer Mutter. Astrologisch gesehen werden Gefühle, Ursprünge (Wurzeln) und die Mutter dem Mond zugesprochen.

Der Prinz des Landes, in dem Aschenputtel lebt, kündigt drei Bälle an. Um Aschenputtel an der Teilnahme zu hindern, gibt ihr die Stiefmutter schwierige Aufgaben, die viele Stunden harter Arbeit bedürfen. Auch ein Kleid, das sie auf den Bällen tragen kann, bekommt sie nicht. Aschenputtel, überwältigt und erschöpft, läuft zum Grab und vergießt Tränen des Kummers. Plötzlich bringen ihr die Vögel, die ihre Engelhelfer sind, ein wunderschönes Kleid und Pantoffeln aus Glas. In der Essenz bedeutet das, daß Aschenputtel von ihrer Mutter und dem Baum des Lebens einen Schatz mit Gaben erhält. So kann Aschenputtel an allen drei Bällen teilnehmen, auf denen sie mit dem Prinzen tanzt.

Auch nach dem letzten Ball eilt Aschenputtel um Mitternacht eilig davon, läßt dieses Mal jedoch einen ihrer Glaspantoffeln zurück. Der Prinz sucht das ganze Königreich nach dem Mädchen ab, dessen Fuß in den Pantoffel paßt. Als Aschenputtel den Pantoffel anprobieren muß, paßt er einwandfrei, und das schöne Mädchen und der Prinz heiraten und leben glücklich bis ans Ende. Dieser wunderschöne Schluß erinnert uns daran, daß die Seele (Aschenputtel) und der Geist (der Prinz) immer ein Paar sind, deren Vereinigung eine kosmische Wahrheit ist, wenn das Leben auf der Erde seinen Lauf genommen hat.

Wenn diese Karte in Ihrem Legemuster auftaucht, sollten Sie Ihre verborgenen Gefühle in bezug auf die Vergangenheit, Ihr Zuhause, Ihre Mutter, die Mysterien des Lebens und die Weisheit von Hekate, der alten Mondgöttin, untersuchen. Erkennen Sie die Bedeutung von Trauer und Bescheidenheit, denn sie sind oft Sprungsteine zu tiefer Freude und Strahlen des Herzens. Schließlich sind die schwierigsten Aufgaben im Leben das Ergebnis geistiger Arbeit, die unsere Seelen für künftige Dienste auf einer breiteren Ebene stärkt. Reflektieren Sie! Lassen Sie Ihre Tränen fließen, wenn es sein muß, denn sie sind die Wasser des Lebens. Nicht die äußere, physische Mutter, ist die unbesiegbare Beschützerin eines Kindes, sondern die geheilte Mutter oder die Frau im Inneren, die hochkommt, wenn die Seele gereinigt und geklärt ist. Vielleicht ist ein Spaziergang im Mondlicht der Beginn dieses Prozesses emotionaler und physischer Transformation.

Archetyp im traditionellen Tarot: *Der Mond*
Beherrschendes Tierkreiszeichen: *Fische*

XIX
Die gelbe Ziegelsteinstraße

Die gelbe Ziegelsteinstraße

Die neunzehnte Karte der Großen Arkana stellt normalerweise eine strahlend gelbe Sonne dar, die die Herrlichkeit dieser Quelle des Lebens auf unserem Planeten enthüllt. In alten Kulturen wurde die Sonne oft als Gott verehrt, als die strahlende spirituelle Präsenz, die alles möglich macht. Aber den Menschen war auch bewußt, daß die Sonne, in all ihrer Majestät, das Leben auf der Erde zerstören und die Narren blenden konnte, die zu lange in ihre Richtung schauten. In einigen Versionen dieser Tarotkarte findet sich ein Kind, das nahe einem Garten mit Sonnenblumen tanzt oder spielerisch auf einem Pferd reitet. Dieses Kind erinnert uns daran, daß wir wieder wie Kinder werden müssen - unschuldig, sorglos und froh, und daß kindliches Bewußtsein die Menschheit aus der Dunkelheit ins Licht führen wird. Erst dann werden wir zu unserer Göttlichkeit zurückfinden. Im *Tarot für das Innere Kind* steht *Die gelbe Ziegelsteinstraße* für den Weg zu höherer Weisheit und spiritueller Wahrheit. Wenn wir nach dem Licht der Sonne greifen, versuchen wir, unsere luftigen Ziele zu verfolgen und Einsicht und Verständnis zu gewinnen. In der klassischen Geschichte *Der Zauberer von Oz* machen sich Dorothy und ihr Hund Toto auf der gelben Ziegelsteinstraße auf die Suche nach dem wunderbaren Zauberer von Oz, der Dorothy helfen wird, den Weg nach Hause zurückzufinden. *Die gelbe Ziegelsteinstraße* steht für den goldenen Pfad, der ein Kind nach Oz bringt - dem Höheren Selbst, dem Erwachsensein, der Gemeinschaft, dem wahren spirituellen Heim im Sonnensystem und der Sonne. Es gibt sogar eine Verbindung zwischen *Aschenputtel* (*Der Mond*) mit ihren Glaspantoffeln und Dorothy auf ihrer gelben Ziegelsteinstraße mit den magischen Schuhen. Sie braucht nämlich nur die Absätze ihrer Schuhe dreimal aneinanderzuschlagen, um wieder nach Hause, nach Kansas, zu gelangen.

Auf dem Pfad trifft Dorothy andere Sucher - die Vogelscheuche, den Blech-Holzfäller und den feigen Löwen -, die sie auf der Reise zur Selbstverwirklichung begleiten. Die guten Feen, bösen Hexen, glücklichen Flügelaffen und der hinterlistige Zauberer in dieser Geschichte - sie alle sind Erscheinungsformen unterschiedlicher Bewußtseinsstadien des Pilgers, die dieser in den einzelnen Abenteuern seines Lebens an den Tag legt. Dennoch ist die Grundlage dieser Geschichte *Die gelbe Ziegelsteinstraße*, der man folgen muß, um das Endziel zu erreichen: das Zuhause - Symbol des Erwachens der Seele, des spirituellen Lichts und der Weisheit.

Zu Urzeiten sollen die Menschen wie das goldene Licht der Sonne gestrahlt haben; die Erde war noch erfüllt mit Sonnenleben. Es war das Goldene Zeitalter, als die Menschen mit den Göttern und Göttinnen gemeinsam lebten. Jetzt, in unserer heutigen Zeit, kann nur noch eine Reflexion strahlenden Glanzes in unseren Alltag gebracht werden, aber viele Menschen lernen wieder, auch mit irdischem Bewußtsein in die Sonne einzutauchen.

Im alten China sprach Laotse vom Tao. Dieses Tao war der Weg des Lebens, der Pfad des spirituellen Schicksals. Von diesem Pfad abzukommen war leicht, und der Weg war gepflastert mit Herausforderungen und Hindernissen. Aber zentriert, ausgeglichen bleiben, fokussiert auf den göttlichen Pfad, das war das Merkmal des wahren Schülers und Eingeweihten. Nach den letzten Untersuchungen des Weltraums wissen wir, daß die Sonne einen solaren Wind abgibt, eine Art Sternenteppich aus geladenen Teilchen, vielleicht geheimnisvolle heilende Schwingungen, die bis zur Erde hinunterreichen. Die menschliche Seele, die ihre Vision höher und höher schraubt, kehrt schließlich in den Kern der Sonne zurück, um mit der göttlichen Substanz, dem Manna des Himmels, wieder gefüllt zu werden. Dem goldenen Strom - *Die gelbe Ziegelsteinstraße* - bis in den äußeren Weltraum folgend, findet sich die Seele dann in Vorbereitung auf eine neue irdische Inkarnation, wenn einst die Trompete der Wiedergeburt erschallt.

Wenn diese Karte in Ihrem Legesystem auftaucht, kann ein Ausbruch spirituellen Sonnenlichts Ihren Geist erhellen und Ihr Herz erwärmen. Füllen Sie die dunklen Ecken Ihrer Psyche mit dem weißen Licht göttlicher Weisheit. Schaffen Sie eine Regenbogenbrücke des Mitgefühls und des Verständnisses, über die Sie schreiten können, um Ihren Weggefährten auf dem Pfad des Lebens zu folgen. Stehen Sie vor Sonnenaufgang auf, wandern Sie in die Natur und erleben Sie erneut das Wunder der Wiedergeburt eines Tages. Gehen Sie ans Meer und nehmen Sie das Strahlen der aufgehenden oder untergehenden Sonne mit ihrem orangerötlichen Glühen am östlichen oder westlichen Himmel in sich auf. Zünden Sie eine Kerze an, meditieren Sie in einer Aura des Friedens und schicken Sie Ihre heilenden Gedanken und Gebete auf einem mehrfarbigen Strahl hinaus in die Menschheit. Machen Sie sich bewußt, daß Sie - egal, welche Fehler und Probleme Sie auch haben mögen - ein Licht der Welt sind.

Archetyp im traditionellen Tarot: *Die Sonne*
Beherrschender Planet: *Sonne*

XX
Die drei Schweinchen

Die drei Schweinchen

In vielen Tarotdecks enthüllt die zwanzigste Karte der Großen Arkana den Erzengel Gabriel, der die Trompete bläst, während ein Mann, eine Frau und ein Kind aus ihren Särgen aufstehen. Es ist die Karte der spirituellen Wiedergeburt und des Tags des jüngsten Gerichts, an dem sich die menschliche Seele entscheiden muß, sich von den höheren Ebenen zu entfernen und zum irdischen Leben zurückzukehren. Auf einer anderen Ebene schaut diese Karte auf die Weisheit und die Unterscheidungskraft, die nötig sind, um potentielle Feinde auszukundschaften und auf den spirituellen Pfad zentriert zu bleiben. Die Karte *Die drei Schweinchen* beschreibt eine letzte Begegnung mit dem großen bösen Wolf und demonstriert, daß die Mächte der Evolution schließlich über die Kräfte der Dunkelheit triumphieren.

Obwohl in einigen Versionen von *Die drei Schweinchen* der clevere Fuchs als der Widersacher der Schweine angesehen wird, dreht sich die bekannteste Version um einen ausgehungerten Wolf, der sich daran macht, seine Beute zu verschlingen. Jedes Schwein baut ein Haus, das für einen gewissen Charaktertyp und eine bestimmte Lebensqualität steht. Das erste Schwein baut ein Haus aus Stroh, das zweite Schwein eins aus Stechginster, während das dritte Schwein ein Haus aus Ziegelsteinen errichtet. Mit großer Geschicklichkeit gelingt es dem Wolf, die von den beiden ersten

Schweinen aufgebauten Häuser weg- und umzupusten. Glücklicherweise sind sie zum Haus des dritten Schweins geflohen. Aber als der Wolf das Haus aus Ziegelstein betritt, das diesem Schwein gehört, gelingt es ihm nicht, auch dieses wegzupusten.

Der Wolf versucht, das dritte Schwein dreifach auszutricksen. Als erstes fordert er es auf, Rüben zu holen. Als nächstes bittet er es, Äpfel zu pflücken, und schließlich überredet er das Schwein, ihn zu einem Markt zu begleiten. In allen drei Episoden lernt das Schwein, seinen Feind zu überlisten. Es geht eine Stunde früher als geplant, um die Rüben zu ernten. Als es die Äpfel vom Baum pflückt, stößt es einige weg, und der Wolf jagt ihnen hinterher, während das Schwein entflieht. Und auf dem Markt schließlich kauft das Schwein ein Butterfaß, sieht den Wolf, versteckt sich im Faß und rollt den Hügel hinab bis zu seinem Haus, während der Wolf ihm atemlos hinterherrennt.

Inzwischen ist der Wolf so wütend und hungrig auf das letzte Schwein, daß er beschließt, auf das Dach zu klettern und sich durch den Schornstein hineinzustehlen. Das kluge Schweinchen, das seine Fußstapfen hört, stellt einen Kessel mit kochendheißem Wasser auf den Herd. Als der Wolf hinunterkommt, verbrüht er sich tödlich, und es ist das Schwein, das den Wolf als köstliches Abendbrot verzehrt.

Der Sieg des dritten Schweins in der Fabel erinnert uns daran, daß die Mächte der Selbstsüchtigkeit, der Gier und des Hasses - symbolisiert durch den Wolf - schließlich durch die Reinigung und Klärung des Feuers transformiert werden. Die dreifache Konfrontation der Schweine - die für die strebende Menschheit stehen - und der Wolf - der die mächtigen Kräfte des Bösen und Chaos in der Welt repräsentiert - enthüllen einen Blick auf den oft unsichtbaren, aber tatsächlich stattfindenden Kampf zwischen Hell und Dunkel auf diesem unserem so aggressiven Planeten im Kosmos.

Seit seiner Entdeckung 1930 gilt Pluto als Herrscher dieser Karte. Er ist ein Zeichen, das, im Abenteuer der drei Schweinchen verborgen, eine epische Erzählung von Tod und Wiedergeburt, Metamorphose und Sieg des menschlichen Geistes über große Unbill ist. Der mächtige Atem des Wolfs symbolisiert die spirituellen und natürlichen Lebensenergien, die oft in Form von Stürmen, Hurrikanen und Taifunen Chaos und Zerstörung bringen. Wenn die Menschheit lernt, eine starke und sensible Grundlage für sich auf der Erde zu schaffen - symbolisiert durch das Ziegelsteinhaus des dritten Schweins -, werden die zerstörerischen Stürme, die aus dem Reich der Natur (oder dem des Wolfs) hervorgehen, sich als schwach und wirkungslos erweisen.

Wenn diese Karte in Ihrem Legebild erscheint, denken Sie daran, die Welt um sich herum praxisnah zu gestalten. Ist Ihr spirituelles, mentales, emotionales und physisches Universum in Wahrheit und Weisheit verankert? Konzentrieren Sie sich, wenn Sie Kunstwerke schaffen, mehr auf die Qualität als auf die Quantität. Folgen Sie dem Ruf der Wildnis und lauschen Sie der Stimme im Inneren, die Sie zur Erfüllung Ihres höheren Schicksals führen wird. Nehmen Sie sich Zeit, Entscheidungen abzuwägen. Machen Sie sich bewußt, wie Ihre Handlungen auf die Zukunft wirken. Hören Sie auf, Ihre Kraft zu verschleudern, indem Sie andere kritisieren. Erinnern Sie sich an den alten Spruch: „Richtet nicht, auf daß ihr nicht gerichtet werdet.“ Stärken Sie Ihre positive beschwingte und angeborene gute Natur, so daß die dunklen Elemente der Welt Ihre Entschlossenheit und Ihr Engagement nicht niederreißen können.

Archetyp im traditionellen Tarot: *Gericht*
Beherrschender Planet: *Pluto*

XXI
Das kosmische Kind

XXI

Das kosmische Kind

Im traditionellen Tarot ist diese Karte *Die Welt*; im *Tarot für das Innere Kind* ist *Das kosmische Kind* eine menschliche Seele im Mutterschoß, die sich auf die Wiedergeburt vorbereitet. Dieses Kind steht für den Endpunkt einer langen Reise. Während die Seele durch Zeit, Raum, Materie und Geist fortschreitet, taucht sie immer wieder zwischendurch in das ursprüngliche Ei ein. Bei der Geburt nimmt ein neues Wesen, vollständig und heil, seinen dramatischen Eingang in die physische Welt von Erde, Wasser, Luft und Licht. Diese Karte steht für das Potential künftiger Entwicklung und die schöpferische Durchdringung mit multidimensionalem Bewußtsein.

Im materiellen Bereich des Universums geboren zu werden bedeutet, Leid zu erfahren - ironischerweise ist es dieses Band des Leids, das alle menschlichen Wesen auf der Erde einheitlich miteinander verbindet. Dementsprechend ist diese Karte immer von Saturn, dem schönen Planeten mit seinen Ringen, beherrscht worden, der für Disziplin, Verantwortung, Konzentration, harte Arbeit, Verwundbarkeit und die Auflösung von „altem Karma" steht. Der tibetanische Meister D.K., der durch seine Schüler in Alice Bailey schreibt, bestätigt eine tiefe Verbindung zwischen Saturn und der Erde. Beide planetarischen Körper sind eng mit dem göttlichen Strahl oder der Kraft verbunden, die die Energie aktiver Intelligenz und Anpassungsfähigkeit trägt.

Indem die menschliche Seele Leben für Leben schwierige Lektionen auf der Erde lernt, beginnt sie die unermeßliche Ausdehnung der Existenz im unendlichen Universum zu verstehen. Der menschliche Embryo, der im Schoß seiner Mutter in vierzig Wochen der Schwangerschaft heranreift, wiederholt im Zeitraffer die gesamte Evolution des Lebens auf diesem Planeten, da er zuerst einem Reptil, später einer Amphibie und zum Schluß den Formen der Säugetiere gleicht, bevor die Geburt erfolgt. Die Schönheit, Erhabenheit, Komplexität und Einzigartigkeit des Lebens auf Erden - alle diese Eigenschaften sind im Muster des menschlichen Babys, das geboren werden soll, miteinander verwoben.

Es gibt eine ungewöhnliche und dennoch deutliche Verbindung zwischen dieser einundzwanzigsten Karte der Großen Arkana und ihrer zahlenmäßigen Umdrehung, der zwölften Karte *Hans und die Bohnenstange*. Die Bohnenstange, die Hans hinaufklettert und die Himmel und Erde miteinander verbindet, ähnelt der Nabelschnur, die Mutter und Kind miteinander vereint. Hans, als die Märchenversion der Karte *Der Gehängte,* entscheidet sich freiwillig, „das Kreuz zu tragen", und geht durch einen Prozeß der Selbstaufopferung hindurch. Die Seele des Embryos in *Das kosmische Kind* trifft eine bewußte spirituelle Wahl, um die physische Welt erneut zu betreten und noch einmal „das Kreuz" des irdischen Lebens auf sich zu nehmen. So wie *Der Gehängte* (XII) sein Verständnis umdreht, um sich auf den Übergang, genannt *Der Tod* (XIII), vorzubereiten, so gibt *Das kosmische Kind* (XXI) seinen göttlichen Zustand des Glücks auf, um der Menschheit zu dienen und den Übergang, die Geburt (*Der Narr*, 0), zu erwarten.

Die Sequenz der zweiundzwanzig Großen Arkana erreicht ihren Gipfel in *Das kosmische Kind*, aber dieser natürliche Prozeß ist eher ein kreisförmiger Tanz als eine Reihe linearer Bilder und Erfahrungen. Der Embryo - all die bedeutungsvollen Erfahrungen in sich tragend, die er auf seiner Reise durch die Großen Trümpfe gemacht hat - reift zum Narren - *Rotkäppchen* - heran, und der Zyklus des Lebens beginnt von neuem. Aus diesem Grund steht *Das kosmische Kind* in tiefer Verbindung zur Magie des organischen Wachstums und zu den spirituellen Kräften, die im „Zustand der Saat“ unsichtbar wirken.

Wenn diese Karte in Ihrem Legesystem auftaucht, reifen mächtige und göttliche Einflüsse in Ihrer Aura. Umarmen Sie diese mit offenem Herzen. Machen Sie sich erneut bewußt, wie beschützt und umhegt Sie sind durch unsichtbare Helfer, Führer und Lehrer. Sie sind niemals allein! Erfahren Sie die universelle Harmonie, die von der Sonne ausgeht, dem heiligen Zentrum des Sonnensystems, und werden Sie zum rhythmischen Schlag Ihres eigenen Herzens - dem strahlenden Zentrum Ihres Körpers. Die Worte der Alten „Wie oben, so unten“ sind wahr, denn kosmische Weisheit ist in Ihrer DNA und jeder einzelnen Zelle kodiert. Aber vor allem eins: Lassen Sie zu, daß ein Gefühl kindlichen Wunders Ihr Leben erfüllt. Sehen Sie mit neuen Augen! Berühren Sie die Welt, als wäre es das erste Mal! Sammeln Sie Kraft für die Riten der Einweihung, die vor Ihnen liegen!

Archetyp im traditionellen Tarot: *Die Welt*
Beherrschender Planet: *Saturn*

III

Die Kleinen Arkana

Einführung

Während die zweiundzwanzig Karten der Großen Arkana die große Reise der menschlichen Seele auf ihrem Pfad des Schicksals symbolisiert, stehen die sechsundfünfzig Karten der Kleinen Arkana für die Erlebnisse des menschlichen Wesens innerhalb der vier Welten des Lebens auf dem Planeten Erde. Die Zahl *4* symbolisiert die Verankerung des göttlichen Plans auf der Erde, die Manifestation spiritueller Gesetze in der Realität, die Errichtung solider Grundmauern und die harte Arbeit, die notwendig ist, um fühlbare Ergebnisse zu erreichen. Die vier Welten sind verbunden mit den vier Jahreszeiten, den vier Hauptrichtungen des Kompasses, den vier Elementen - Feuer, Erde, Wasser, Luft - und den vier heiligen Buchstaben des hebräischen Namens Gottes - dem Tetragramm. Im *Tarot für das Innere Kind* sind die vier Folgen gekennzeichnet durch *Magische Stäbe*, *Schwerter der Wahrheit*, *Geflügelte Herzen* und *Erdkristalle*.

Die Bilder in den Kleinen Arkana des *Tarot für das Innere Kind* sind ein Entwicklungsschritt jenseits der Bilder in den Tarotdecks der vergangenen sechshundert Jahren. Oft sind die traditionellen Kleine-Arkana-Folgen durch sieben Schwerter, fünf Kelche oder zehn Stäbe auf einer Karte dargestellt worden, ohne Szenen, Geschichten oder spirituelle Botschaften. In anderen Decks zeigten die Abbildungen die Gestalten von Erwachsenen, durch viele esoterische Embleme geschmückt, die schwierig zu entziffern waren. Im *Tarot für das Innere Kind* sind aus den Schafhirten oder Bauern *Magische Stäbe* geworden, die ein Symbol für das Element Feuer darstellen. Die mittelalterlichen metallenen Waffen der Soldaten sind zu *Schwertern der Wahrheit* geworden, die viele Formen einnehmen und das Element Luft symbolisieren. Der

Kelch oder Heilige Gral der Christenheit ist zu einem *Geflügelten Herzen* vereinheitlicht worden und steht für das Element Wasser. Und das alte okkulte Pentagramm des spirituellen Feuers, das schließlich mit Münzen oder Geldscheinen gleichgesetzt wurde, hat sich in einen wunderschönen *Erdkristall* verwandelt und repräsentiert das Element Erde.

Das *Tarot für das Innere Kind* enthüllt in diesen vier Sequenzen sensible, herzerwärmende und spirituelle Szenen. Die in den *Magischen Stäben* dargestellten Feen sind die unsichtbaren Wesen, die der Welt der Natur Leben und Farbe verleihen. Die Kinder und ihre Abenteuer in den *Schwertern der Wahrheit* bringen die Neugier der menschlichen Seele und die Ungeduld zum Ausdruck, in die Mysterien des Lebens einzudringen. Die Wasserjungfrauen und Wassermänner in *Die Geflügelten Herzen* lenken unsere Wahrnehmung auf das Reich der menschlichen Emotion und der tiefgehenden Gefühle unter Wasser. Die Gnome in den *Erdkristallen* sind die verborgenen Arbeiter, die dem Land, dem felsigen Boden und den Bergregionen Leben und Festigkeit verleihen.

Jede Reihe hat zehn numerierte Karten und vier Hoffiguren. Wie im Abschnitt „Einführung" erwähnt, haben die archaischen Hoffiguren neue Namen erhalten, um die spirituelle Kultur unserer heutigen Zeit zu reflektieren. Der Page (Bube) ist jetzt das Kind, der Ritter ist zum Sucher geworden, die Königin ist die Führerin und der König der Hüter. Die Namen, Bilder und Qualitäten der Hoffiguren im *Tarot für das Innere Kind* erinnern uns daran, daß, unabhängig davon, welchem Pfad oder welcher „Farbe" des Lebens wir folgen, es Lehrer und Vorbilder gibt, die uns in einen erhöhten Zustand des Bewußtseins bringen können.

Wenn bei einem Legebild viele Karten einer Farbe auftreten, ist das ein offensichtliches Signal dafür, die gesamte Bandbreite an

Bedeutungen zu erkunden, die in diesem Bereich verborgen sind. So sind zum Beispiel viele Stäbe als Bedürfnis nach größerer Leidenschaft und glühendem Ausdruck im Leben zu verstehen; viele Schwerter symbolisieren den Wunsch, in der Welt zu handeln und Klarheit zu suchen; viele Herzen fordern dazu auf, in die verborgenen Reiche der menschlichen Liebe und emotionalen Sensitivität einzutauchen; und viele Kristalle drängen dazu, eine bessere Welt für sich selbst, die Menschen, die wir lieben, und die Allgemeinheit aufzubauen.

Auch wenn die zweiundzwanzig Karten der Großen Arkana für entscheidende Wendepunkte und Meilensteine im Leben stehen können, so bedeutet dies nicht, daß die sechsundfünfzig „kleinen" Karten „klein" in ihrer Bedeutung sind. Wenn diese Bilder auftauchen, ist Ihre Intuition gefragt. Assoziieren Sie frei, um die Bilder mit kürzlichen Erlebnissen in Ihrem Leben oder dem Leben desjenigen, für den Sie diese Legung vornehmen, zu verbinden. Denken Sie und sprechen Sie über das, was Sie gegenwärtig in den Karten sehen. Dann werden Sie vielleicht plötzlich verstehen, was die Karte für Sie oder die/den anderen bedeutet und warum sie gerade jetzt auftaucht.

Die Magischen Stäbe

Im *Tarot für das Innere Kind* stehen die *Magischen Stäbe* in Verbindung mit dem Element Feuer im traditionellen Tarot, also mit den Stäben oder Kreuzen. Sie symbolisieren Kunst, Kreativität, Intuition und alles, was im elementaren Reich der Natur magisch ist.

Magische Stäbe zur Zukunftsdeutung sind jahrhundertelang aus der Rinde der Bäume und aus Zweigen von Obstbäumen und anderen Pflanzen geschaffen worden, um die kreativen Eigenschaften von Mutter Erde und ihre empfangende weibliche Natur zu vervielfältigen. In dieser Kartenfolge feiert eine Vielfalt von Blumenfeen und Naturgeistern die Verbindung des menschlichen Bewußtseins mit der höherschwingenden Hellsichtigkeit aus dem Reich der Devas oder Engel. Nach Alice Bailey in *A Treatise on Cosmic Fire* (Eine Abhandlung über das kosmische Feuer) sehen Devas Geräusche und hören Farben, während es bei den Menschen umgekehrt ist.

Die *Stäbe* öffnen uns für Freude und Leidenschaft. Sie laden uns ein, über die Grenzen unserer menschlichen Schranken hinauszugehen. Die Karten der *Magischen Stäbe* ziert oben in der Mitte ein Schmetterling, um das natürliche Wunder im unsichtbaren Prozeß der Metamorphose weiter zu verstärken. In jedem von uns kann diese kreative Transformation wieder und wieder metamorphisch durch unser ganzes Leben hindurch auftauchen.

Ass der Stäbe

Ass der Stäbe

Auf dieser Karte wird das wunderschöne Potential der Seele in der Gestalt eines Schmetterlings von zwei Feen enthüllt. In der walisischen Mythologie werden Feen als „die Mütter“ oder „die Helferinnen“ bezeichnet. Diese Feen befreien die spirituelle Qualität der Menschheit. In der griechischen Mythologie gibt es eine Beziehung zwischen der Seele und dem Schmetterling, weil man glaubte, die menschliche Seele würde auf der Suche nach einer neuen Inkarnation zu einem Schmetterling. Wenn wir auf die Suche nach einem breiteren Verständnis für die Zukunft und einer sanften Hingabe an die Vergangenheit gehen, wird der Prozeß der Transformation in unserem Leben außerordentlich mächtig. Während wir uns von alten Verletzungen geheilt haben, nehmen wir neue Farben an und tragen neue Schwingen der Hoffnung - einem Schmetterling sehr ähnlich, der sich in wundersamer Weise spiralförmig von dem dunklen Kokon befreit. Dieser Schmetterling wird ins Licht freigegeben und einer neuen bewußten Wahrnehmung geopfert. Es ist sehr gut möglich, daß dies gerade jetzt in Ihrem Leben passiert!

Der Schmetterling ist ein bedeutsames Emblem der Liebe und bedeutet in China eine Hochzeit der Seelen. Dieses geflügelte Geschenk ist eine Erinnerung für Sie, daß Liebe, Seelenverbindung und Kunst in Ihr Leben hereinflattern werden. Eine begeisterte Wiedergeburt geschieht. Es ist Zeit, Ihre wahren Farben zu enthüllen. Der Flug hat begonnen!

Zwei Stäbe

Zwei Stäbe

Es wird allgemein behauptet, die Spiegelung sei ein lebenswichtiger Teil unserer Seele. Demnach sind spiegelnde Oberflächen Seelenfänger oder Türschwellen zu der Welt des Geistes. Buddhisten glauben, daß alle Existenz eine Reflexion in einem Spiegel ist.

Auf dieser Karte ist eine wunderschöne Fee abgebildet, die nach der tieferen Bedeutung ihrer Existenz sucht. Wie Narziß, dessen Seele bei der Spiegelung im Wasser wegen seiner Eitelkeit gefangen war, verbindet sich diese Fee mit ihrem „geliebten Selbst" oder dem Aspekt ihres Egos, das voller Liebe ist. Im eigenen Bild sieht sie das Potential geheiligter Schönheit.

Wenn wir für die innere Transformation bereit sind, stehen wir unserem wahren Selbst von Angesicht zu Angesicht gegenüber. Wer ist Ihr wahres Selbst? Sind Sie strahlend und leuchtend? Es ist eine Zeit tiefer persönlicher Bewußtwerdung und Einsicht. Suchen Sie sich einen Platz in der Einsamkeit, wo Sie Klarheit finden können, und erforschen Sie Ihre verborgenen Talente. Intuitive Gaben werden Sie stärken. Vielleicht können Sie Ihr wahres Gesicht visualisieren. Stellen Sie sich die Frage des buddhistischen Koans: „Wie sieht dein wahres Gesicht aus?"

Drei Stäbe

Drei Stäbe

Die drei Feen auf dieser Karte feiern die Muse der Dreifachen Göttin. Die erste Göttin war Mnemosyn (Erinnerung), das ist die heilige Gabe in uns, Prosa, Lieder, Reime und Rätsel zu rezitieren. Die drei Musen bringen hellsichtige Einsicht und intuitive Gaben. Von diesen göttlichen Schöpfungen stammen die Worte *Musik* und *Amüsieren*.

Die auf dieser Karte abgebildeten Feen spielen zierliche Violinen. Diese wunderschönen Saiteninstrumente sollen, so erzählt man sich, geschaffen worden sein, um die Ekstase der Schöpfung wiederzugeben. Die Feen spielen ihre Instrumente mit *Magischen Stäben*, die zu Bögen transformiert wurden und die Göttlichkeit ihres Spiels betonen. Sie tun dies unter Pfirsichbäumen, aus deren Holz im alten China die *Magischen Stäbe* gefertigt wurden. Der Pfirsichbaum steht in Verbindung mit dem Planeten Venus und symbolisiert Kunst, Musik und Liebe.

Die kostbare Gabe für Sie heute ist die Erinnerung an die Muse in Ihrem Herzen. Öffnen Sie sich der Freude des künstlerischen Ausdrucks. Die Musik des Universums ist konstant und fließend. Das Hauptthema hier ist die innere Kraft der Freude - Ihrer Freude und der Freude des Lebens schlechthin.

Vier Stäbe

Vier Stäbe

Eines der letzten Mysterien der Schöpfung ist die Lebenskraft innerhalb der Saat. Wenn wir einen Garten bepflanzen, bereiten wir die Erde ähnlich vor, als wenn wir für ein Kind ein gemütliches Bett schaffen würden. Wir bedecken die Saat mit fruchtbarer Erde, um ihr eine Zeit der Ruhe zu gönnen. Bald werden die Samen zu einer strahlenden Pflanze erwachsen, deren Knospen über der Erde platzen und sich dem Himmel entgegenstrecken. Die Metapher der Saat ist auf jeden Aspekt Ihres Lebens anwendbar. Die Saat des Wissens, die Saat der Wahrheit, die Reifung des Bewußtseins usw.

Diese Karte stellt das Pflanzen neuer Weisheit und die Wiedererschaffung einer intuitiven Grundlage dar. Der Garten hat vier Ecken, sie stehen für die vier Jahreszeiten und die vier Hauptrichtungen. Im alten Griechenland waren die Symbole der Jahreszeiten vier Frauen: Der Sommer wurde geschmückt mit einer Krone aus Ähren, der Herbst trug einen Korb Früchte, der Frühling einen Blütenkranz, und der Winter war kahlhäuptig. Die Feen auf dieser Karte symbolisieren den Frühling, wenn das neue Pflanzen stattfindet und eine neue Saison der Sonne und des Wachstums ansteht.

In Ihrem Leben säen sich neue Ideen von selbst aus. Bereiten Sie Ihr Leben auf die Früchte vor, die Sie bald ernten werden. Pflanzen Sie die Schößlinge Ihrer Kreativität und schauen Sie zu, wie sie wachsen, blühen und gedeihen.

Fünf Stäbe

Fünf Stäbe

Die römische Göttin Flora nimmt in der Natur eine wichtige Position ein. Sie steht für alle Blumen und Blüten, ihr Fest ist der 1. Mai. Sie repräsentiert die mystische Kraft der Zeugung und Befruchtung. Man könnte sagen, sie ist die Königin der Blumen.

Eine fünfblättrige Blume ist von den Alchemisten oft als „der heilige Schoß" bezeichnet worden, in dem alle Perfektion und Schönheit erwachsen kann. Flora, die auf dieser Karte als Blumenfee dargestellt ist, ehrt die Zeit der Blüte, die ein lebenswichtiger Teil im harmonischen Zusammenspiel der Natur ist. Sie ruft Sie auf, das Göttliche, das in Ihrem Herzen schlummert, zu erwecken und nach draußen zu tragen. Ihre weibliche Seite blüht. Es ist eine gute Zeit, um ein Mandala zu malen oder farbig zu gestalten. Visualisieren Sie das Mandala als das Öffnen Ihrer Seele. Machen Sie sich bewußt, daß jetzt, in dieser Zeit des Lebens, nicht Kampf, sondern Tanzen oder ein Entfalten Ihrer schöpferischen und intuitiven Kräfte angesagt ist. Am Horizont werden Veränderungen sichtbar. Konzentrieren Sie sich auf die schöpferische Freiheit, die das Universum Ihnen bietet. Das Wichtigste ist jetzt, sich zu öffnen.

Denken Sie an die Bedeutung dieses wunderschönen Satzes: „Und der Tag kam, als das Risiko, fest verschlossen in der Knospe zu bleiben, schmerzvoller war als das Risiko zu blühen."

Sechs Stäbe

Sechs Stäbe

Der 1. Mai steht für die Zeit des Jahres, in der sich die Erde in ihr grünes Gewand hüllt, wunderschön geschmückt mit den Blumen des Frühlings als Farbtupfer. Die Göttin dieser Jahreszeit ist Flora. Am Abend vor dem 1. Mai war es üblich, einen Maibaum aufzustellen. Mit dem Tanz um den Maibaum sollte die fruchtbare Zeit des Frühlings geehrt werden. Der Brauch, der sich um den Baum mit Bändern und Blumen rankte, war ein Dank an den heiligen Schoß der Menschheit - eine letzte Dankbarkeit an Mutter Natur.

Alte Rituale wie der Tanz um den Maibaum, die japanische Teezeremonie, Chanukah (das jüdische Fest der Lichter) und St. Nikolaus sind in der westlichen Kultur trivialisiert worden. Diese Riten des Übergangs oder „heilige Zeiten" sollten Einheit schaffen und das Wohlbefinden der Gemeinschaft stärken, aber auch globales Bewußtsein und Bewußtheit für die Verbundenheit der Kulturen untereinander schaffen.

Die Feenkinder auf dieser Karte bringen ihren Gesang und ihren Tanz nicht nur dar, um den Frühling anzukündigen, sondern um die Fruchtbarkeit ihrer schöpferischen Kräfte zu wecken. Sie ehren den Höhepunkt eines strahlenden neuen Bewußtseins, das vor ihnen erblüht. Es ist an der Zeit, Ihre leidenschaftliche Seite zum Ausdruck zu bringen und sich bewußt zu machen, daß Sie ein lebenswichtiger Teil des sich ständig drehenden Rades des Lebens sind.

Sieben Stäbe

Sieben Stäbe

Diese Karte ist eine Heilungskarte. Das auf der Karte abgebildete Feenkind besitzt das Wissen der Blumenheilung und der richtigen Verwendung der Pflanzenmedizin, um den Menschen bei ihrer Entwicklung und Bewußtseinswerdung zu helfen. Die Schwingungen der Blumendevas und Naturgeister sind so hoch, daß ihre Wirkung und Gegenwart oft von den Menschen übersehen wird. Sie bieten uns das Elixier ihrer Blumen an durch heilende Mittel wie die Bachblüten. Diese Mittel wurden von Dr. Edward Bach geschaffen, der sich sein ganzes Leben damit beschäftigt hat, das System der Blumenheilung zu untersuchen und zu perfektionieren. Nach Dr. Bach sind Blumen „wie wunderschöne Musik oder ein anderes wunderbares, erleuchtendes Erlebnis, das uns inspiriert, damit wir unsere ureigene Natur erheben und unserer Seele näherkommen; dieser Akt bringt uns Friede und Befreiung von unseren Leiden".[(4)]

Die sieben unterschiedlich gefärbten Schmetterlinge auf dieser Karte repräsentieren das Chakrasystem des menschlichen Körpers. Es ist ein alter tantrischer Glaube, daß jeder menschliche Körper sieben dieser mystischen „Lotuszentren" hat und diese entlang der Wirbelsäule an verschiedenen Orten plaziert sind. Durch Meditation und tiefes Atmen können wir die Kundalini, die Lebenskraft, wecken, die unserem Körper, Verstand und Geist Heilung bringt.

Vielleicht sind Sie bereit, die Tiefe und Transformation zuzulassen, die durch Chakraheilung, Blütenmittel oder andere hochschwingende Einstimmung auf den Körper möglich ist. Ein Spaziergang in der Natur wäre eine guter Anfang. Dort können Sie sich den elementaren Heilern öffnen, die unseren Planeten umgeben und beschützen. Während Sie Ihren eigenen Körper heilen, können Sie lernen, auch ein strahlender Heiler für Ihre Freunde und die Menschen, die Sie lieben, zu werden.

Acht Stäbe

Acht Stäbe

Von den vier Elementen ist Feuer das leichteste, weil es in die Luft hinaufsteigt. Feuer bewegt sich in vielen Formen und Gestalten und wird als Ritual und Zeremonie verwendet, um Transformation, Reinigung und spirituelles Erwachen zu betonen. Feuergötter und -göttinnen sollen in den Wäldern geboren worden sein, ähnlich wie die griechischen Helden und Heldinnen, die, wie man sagt, aus Dryaden entstanden sind. Diese Götter und Göttinnen wurden dann vom Blitz und der Sonne durchdrungen.

Auf der Karte *Acht Stäbe* sind acht Feen abgebildet, die in den feurigen Bereich von Kraft und Verwandlung eingeweiht oder wiedergeboren werden. Ihre Stäbe werden neu energetisiert und durch einen alchemistischen Prozeß verwandelt, während sie die Geburt eines neuen Bewußtseins erleben. Schließlich ist das, was in ihnen wirklich zum Erwachen kommt, das Licht der Welt.

Folgen Sie diesen Feen, während Sie Ihre Stäbe im lodernden Feuer anzünden. Vielleicht ist es an der Zeit, sich wieder mit einer Gruppe, Familie oder einem Bewußtsein zu verbinden, das über Ihr Interesse an sich selbst oder Ihre persönliche Kraft hinausgeht. Die Art und Weise, wie Sie Ihre Kraft einsetzen, hat für die Erde bedeutende Folgen. Feuer kann zerstören oder heilen. Werden Sie zum Lichtträger, der die Wahrheit ehrt und Mitgefühl empfindet für alles, was auf der Erde lebt.

Neun Stäbe

Neun Stäbe

Es gibt Zeiten im Leben, in denen uns die Tore zu neuem Bewußtsein gezeigt werden, das jenseits unserer derzeitigen Grenzen oder Existenz liegt. Dieses neue Bewußtsein bietet eine andere Sicht auf die Welt und kann uns den magischen Garten der Weisheit, der in uns lebt, zurückerobern oder uns diesem öffnen. Dort können wir lernen, unsere Fähigkeiten und Gaben zu nutzen.

Wenn die Fee auf dieser Karte bereit ist, die Gartentür zu öffnen, wird sie eine Welt aus Kräutern, Blumen und Bäumen entdecken, die auf sie wartet. Diese Welt wird sie mit neuem Leben erfüllen und heilen. Ein Überfluß an Energie steht ihr zur Verfügung. Die Schmetterlinge auf den Zaunpfosten sind die Aspekte ihrer Seele, die zur Metamorphose bereit sind. Sie hört den Ruf des Gartens und wirft einen Blick hinein.

Das ist jetzt eine wunderbare Zeit in Ihrem Leben, in der Sie die geheimen Bereiche Ihres Geistes untersuchen oder eine wichtige Entwicklungsphase beenden können. In Ihnen verborgen liegt ein reicher, blühender Ort. Sie müssen sich auf den Weg dorthin machen. Schließen Sie die Augen und stellen Sie sich vor, wie Sie die farbenfrohen und duftenden Gärten Ihres Verstandes und Herzens betreten.

Zehn Stäbe

Zehn Stäbe

Sobald die Entscheidung getroffen ist, die Schwelle zu dem magischen Garten zu überschreiten, erreicht die lange Reise zur Wiedergeburt ihr Ziel. Die Fee, die in den Garten der *Neun Stäbe* gespäht hatte, tritt jetzt ein und erlebt in *Zehn Stäbe* eine spirituelle Heimkehr. Die bunten Schmetterlinge auf dem Tor sind in eine Krone aus weißen Schmetterlingen verwandelt worden und schaffen eine göttliche Aura des Schutzes und der Führung. Die Fee hält den *Magischen Stab* in der Hand, mit einem wunderschönen Schmetterling in den Farben des Regenbogens gekrönt - als Symbol für ihre Einweihung in das Stadium höheren Bewußtseins.

Die Zahl *9* in der Numerologie bedeutet oft Vollendung, die Qualitäten der *10* Verjüngung und Ekstase. Mit neun Schmetterlingen, die sie umkreisen, und dem zehnten als Teil ihres *Magischen Stabes* ist diese Fee bereit für neue Verantwortungen und eine neue Aufgabe in den Künsten, in denen Intuition gefragt ist: Heilung, Kunst, Musik, Tanz und Ritual.

Während Sie über diese Karte meditieren, machen Sie sich bewußt, daß Sie gekrönt werden. Ihre Aura wird gereinigt, und wie die weißen Schmetterlinge werden Sie losgelassen, um den unendlichen Kreis Ihres höheren Selbst zu erforschen. Der regenbogenfarbige Schmetterling wird Ihnen als Brücke angeboten, um Ihr Leben, mit dem Sie der Allgemeinheit und der Menschheit dienen, mit der Erde, die sich im Kosmos entfaltet, zu verbinden.

Kind der Stäbe

Kind der Stäbe

Der kleine Prinz

Oft sind es die kleinen herzerwärmenden Gaben, die im Leben die großen Unterschiede ausmachen. Das können die frisch gepflückten Osterglocken eines kleinen Kindes sein oder ein besonderer Stein, den ein Freund oder eine Freundin von einer Küste von weit her mitgebracht hat. *Der kleine Prinz*, diese zauberhafte Erzählung von Antoine de Saint-Exupéry, beschreibt diese Wahrheit in wunderschönen Worten.

Ein kleiner Prinz, der von einem winzigen Planeten stammt, besucht die Erde und transformiert mit größter Einfachheit das Leben eines Mannes, der die Macht der Liebe verstehen lernt. Als der kleine Prinz ihn am Ende der Geschichte verläßt, um auf seinen eigenen Planeten zurückzukehren, bietet er dem Mann seinen Stern als Geschenk an. Der kleine Prinz sagt:

Die Leute haben Sterne, aber es sind nicht die gleichen. Für die einen, die reisen, sind die Sterne Führer. Für andere sind sie nichts als kleine Lichter. Für wieder andere, die Gelehrten, sind sie Probleme. Für meinen Geschäftsmann waren sie Gold. Aber alle diese Sterne schweigen. Du, du wirst Sterne haben, wie sie niemand hat ...

Auf einem der Sterne werde ich wohnen. Auf einem von ihnen werde ich lachen. Wenn du bei Nacht den Himmel anschaust, wird es dir sein, als lachten alle Sterne ... Du allein wirst Sterne haben, die lachen können!

Der kleine Prinz ist das Sternenkind in jedem von uns. Während wir uns dem Wunder der Sterne, der Blumen und allen Lebens im Universum öffnen, werden wir demütig gegenüber der göttlichen

Gnade und dem geistigen Schutz. Auch wir können zu weit entfernten Orten reisen - in unseren Träumen und Visionen. Wir sind fähig, exotische Orte hier auf der Erde zu besuchen und wunderbare Menschen in allen Ecken des Globus zu treffen.

Wenn *Der kleine Prinz* in Ihrem Legemuster auftaucht, ist das ein wunderschönes Geschenk an Sie. Die süßeste Liebe blüht in Ihrem Leben. Klettern Sie über Ihren Schmetterling persönlicher Transformation hinaus und erheben Sie sich in die Lüfte zum wiedererweckten Kind der Liebe, das in Ihrer kreativen Vorstellungskraft lebt. Machen Sie einen Spaziergang im Mondschein und schauen Sie hinauf zu den blinkenden Sternen. Sehen Sie, wie sie Ihnen zulächeln? Hören Sie ihr kindliches Lachen?

Sucherin der Stäbe

Sucherin der Stäbe

Dorothy

Irgendwo über dem Regenbogen, weit über ihn hinaus, ist ein Land, von dem ich einst in einem Schlaflied hörte ... Ein Ort, zu dem du ohne Probleme hingelangen kannst, weit, weit weg, hinter dem Mond, hinter dem Regenbogen (Der Zauberer von Oz - Film)

Viele von uns haben den wunderbaren Traum von Dorothy in *Der Zauberer von Oz* geteilt. Ein junges Mädchen aus Kansas gerät in einen Tornado und begibt sich auf eine Reise nach innen, während sie sich „auf den Weg macht, den Zauberer, den wunderbaren *Zauberer von Oz* zu besuchen", ein angeblich „hohes" Wesen, das sie nach Hause zurückbringen kann. Auf ihrem Weg trifft sie auf eine gute Hexe, eine böse Hexe, drei einzigartige Wesen unterschiedlicher Gestalt - den feigen Löwen, den Blechmann und die Vogelscheuche -, die geflügelten Affen, die Pummel und andere. Schließlich findet sie durch die gute Fee des Nordens, die Nordhexe, ihren Weg nach Hause. Dieses engelhafte Wesen macht Dorothy klar, daß die Antwort auf ihr Problem in ihr selbst liegt. Später sagt Dorothy: „Wenn ich erneut auf die Suche nach meinem Herzenswunsch ginge, würde ich nicht über meinen eigenen Gartenzaun hinausschauen, denn wenn er nicht dort liegt, habe ich ihn nie wirklich verloren."

Als Dorothy die Absätze ihrer magischen roten Schuhe dreimal aneinanderschlägt und ausruft: „Bringt mich nach Hause", ist das ein Symbol der Weisheit, denn die Füße sind die Grundlage und Seelenkraft des inneren Willens und der inneren Gefühle. Während wir nach höherer Wahrheit suchen, werden unsere Vorstellungskraft und unsere Abenteuerlust oft stimuliert, so wie der Tornado den Boden der Existenz von Dorothy erschüttert. Wenn wir uns auf eine metaphysische Reise machen, werden wir Führer und Helfer finden, die uns lieben und uns mit ihrer Weisheit auf dem Weg weiterhelfen. Bei diesen Abenteuern brauchen wir treue und loyale Freunde. Dorothys liebevolle Beziehung zu ihrem kleinen Hund Toto ist Symbol für das Engagement und die Familienbindung, die auf dem Weg eine sichere Grundlage bieten. Dennoch geschieht es immer wieder, daß wir uns auf ein bestimmtes Ziel zubewegen und dann feststellen, daß das, nach dem wir suchen, die ganze Zeit in uns selbst verborgen war. Aber der Weg ist immer noch das Ziel.

Wenn Dorothy in Ihrem Legemuster auftaucht, folgen Sie Ihrem Schicksal und machen Sie weiter auf Ihrer Lebenssuche. Entwickeln Sie Ihr Vertrauen und Ihre spirituelle Stärke. Vielleicht entdecken Sie zu diesem Zeitpunkt ungewöhnliche Realitäten bzw. nehmen diese wahr. Ihre Träume mögen farbig, tief, lustig oder abenteuerreich sein. Führen Sie ein Traumtagebuch über Ihre nächtlichen Erlebnisse. Vielleicht ist auch jetzt die Gelegenheit für eine Reise in der physischen Welt günstig. Öffnen Sie sich allen Zielen, die möglich sind. Unternehmen Sie etwas, damit Ihre Visionen wahr werden. Lassen Sie die Angst los, verlorenzugehen und Fehler zu machen. Ihre Helfer und Führer werden Sie nach Hause geleiten, wenn Ihr magisches Abenteuer seinem Ende entgegengeht.

Führer der Stäbe

Führer der Stäbe

Der Rattenfänger

Nach der Sage war die Stadt Hameln von einer Rattenplage heimgesucht. Ein geheimnisvoller Fremder, der Rattenfänger, versprach, gegen Lohn die Ratten in den Fluß zu treiben, und die Stadtväter stimmten hocherfreut zu. Aber nachdem er die Tat vollbracht hatte, hielten sich die Stadtväter nicht an ihren Teil des Vertrags. Der Rattenfänger war wütend und beschloß, auf seiner Flöte eine wundersame Melodei zu spielen, die alle Kinder in Hameln verzaubern sollte, so daß sie ihm zu einem freundlichen Berg folgten. Jedoch ein lahmer Junge, der versuchte, mit den anderen Schritt zu halten, wurde ausgeschlossen, als sich die Tür zu dem Berg schloß, bevor er eintreten konnte.

Die Botschaft dieser Karte ist: Man weiß nie, wann die Muse auftritt und wieder verschwindet. Die Muse ist der Funke des schöpferischen Feuers innerhalb der höheren Vorstellungskraft. Sie kann subtil, fließend und schwierig zu verstehen sein. Der lahme Junge steht für den Teil der Menschheit, der von der Muse berührt und sich ihrer Realität bewußt wird, aber nicht in der Lage ist, den Weg zu finden, seine Kraft in der Welt zum Ausdruck zu bringen. In dem lahmen Jungen sehen wir unsere Notwendigkeit, die innere Muse zu entdecken, wenn wir von ihrem magischen Zauberspruch berührt worden sind. Der Junge steht für unseren einmaligen Ausdruck göttlicher Weisheit, denn er ist nicht wie die anderen Kinder, und wir ehren diese Andersartigkeit, indem wir der Muse im Inneren die Ehre erweisen.

Die Ratten stehen für die negativen Gedanken im Bewußtsein der Stadt, die einer Reinigung bedürfen - Reinigung im Fluß. Die Stadtväter bezahlen den Flötenspieler nicht, weil sie in ihren materiellen Werten gefangen sind. Sie weigern sich, der Muse, der Kraft kreativer Kunst, Rechnung zu tragen. Wegen ihrer Blindheit und Unwissenheit verlieren sie ihren zukünftigen Genius in Gestalt ihrer Kinder.

Schließlich begreifen die Stadtväter ihre Fehler. Zu Ehren des Rattenfängers wurde das „Rattenfängerhaus" errichtet. Jahre später erreichen Zigeuner die Stadt, und viele der alten Bewohner sehen in ihnen ihre verlorengegangenen Kinder. Auf ihrer langen Reise ist den Kindern der Geist der Erkenntis zuteil geworden. Sie haben ihre Muse - symbolisiert durch den Rattenfänger - gefunden und sind nach Hause zurückgekehrt, um ihre Eltern an ihrer Erleuchtung teilhaben zu lassen.

Wenn *Der Rattenfänger* in Ihrer Legung auftaucht, ist es Zeit, Ihrer inneren Führung zu folgen, Ihrer erfinderischen und erfindungsreichen Art des Denkens. Folgen Sie keinem äußeren Führer, der ein hypnotisierendes Lied pfeift; hören Sie lieber auf den sanften Refrain Ihrer inneren Musik. Gehen Sie spielerisch mit dem Leben um! Tanzen Sie! Singen Sie! Geben Sie Ihren artistischen Talenten nach! Ehren Sie den schöpferischen Geist, der Sie auf dem Pfad des Lebens weiterträgt.

Hüter der Stäbe

Hüter der Stäbe

Raphael

Im geheimnisvollen und magischen Bereich des spirituellen Lebens soll es neun Ebenen unsterblicher Wesen geben, die den Schöpfer umringen und um Führung und Schutz der Menschheit und der vielen Welten der Natur bitten. Die alten Namen für diese Wesen sind Seraphim, Cherubim, Throne, Herrschaften, Kräfte, Gewalten, Fürsten, Erzengel und Engel. Die vier Erzengel heißen Raphael, Michael, Gabriel und Uriel.

Raphael, auf dieser Karte abgebildet, ist der Erzengel der göttlichen Vorsehung, der über die Menschheit wacht und jeder Seele, die sich auf der Erde abstrampelt, Führung und Schutz bietet. Wenn Sie Nahrung und Schutz brauchen, wird ein Schutzengel unter den wachsamen Augen von Raphael Ihnen helfen. Wenn Sie göttliche Weisheit brauchen, um auf der Straße des Lebens die richtige Abzweigung zu nehmen, kann ein Element Raphaels überwältigender Präsenz Ihr Herz und Ihren Verstand erfüllen. Der Name *Raphael* bedeutet „Gott heilt"; die ersten beiden Buchstaben *Ra* sind Erinnerungen an den ägyptischen Namen für den Sonnengott Ra. Dieser Erzengel soll die Sonntage „regeln", und sein Verständnis für ihn kann durch verschiedene Herzmeditationen wachsen. Durch die Jahrhunderte hindurch ist dieses erhabene Wesen in Gestalt eines jungen Mannes mit seinem Hund dargestellt worden. Das erinnert uns an die Führung, die Dorothy und Toto in *Sucherin der Stäbe* angeboten wird.

Der Erzengel Raphael ist auch der Schutzengel aller Reisenden und aller Menschen auf religiösen und spirituellen Pilgerfahrten. So wird er oft mit einem Stab und Sandalen dargestellt. Im *Tarot für das Innere Kind* segnen seine Hände die Erde, während ein wunderschöner magischer Stab in sanftem Grün seine riesigen Flügel bildet. Raphael herrscht über den Frühling und enthüllt seine größten Gaben, wenn die Sonne durch den feurigen Widder (im März und April) wandert und die Erde, in Opposition zur Sonne, durch die harmonischen Schwingungen der Waage.

Wenn Raphael in Ihren Karten auftaucht, sind Sie durch die Präsenz des göttlichen Heilers gesegnet. Machen Sie sich die sensitive Kraft in Ihren Händen bewußt, die Freunden und Familienmitgliedern neue Stärke geben kann. Schicken Sie Gebete und erhebende Gedanken in die Köpfe und Herzen der menschlichen Wesen auf der ganzen Welt. Visualisieren Sie einen Strom goldener Liebe, der aus der Sonne hervorbricht, in Ihr Herzchakra eintritt und sich auf Ihre Weggefährten im Leben ergießt. Reisen Sie mit Vertrauen. Schließen Sie neue Freundschaften. Entwickeln Sie Ihr Vertrauen und bringen Sie Ihr Mitgefühl für alle Lebewesen zum Ausdruck.

Die Schwerter der Wahrheit

Die Farbe der Schwerter steht in den traditionellen Tarotdecks eng mit dem Element Luft in Verbindung. Die Schwerter symbolisieren sowohl den dynamischen Kampf der Widersprüche des Egos im geistigen Bereich als auch die Fähigkeit, Illusionen und falsche Ideologien zu durchschneiden. Die letzte Bedeutung dieser Farbe ist die Ehrung der Wahrheit nicht als lineare und starre Projektion, sondern als Prozeß oder Zyklus. Wir finden die Wahrheit nicht in einzelnen Teilen, sondern nur in der Gesamtheit. Die Schwerter bieten uns die Möglichkeit, die vielen Facetten des menschlichen Geistes und seines Potentials auf Klarheit hin zu prüfen.

Da der Verstand aktiv und kühl sein kann, werden die Karten dieser Farbe durch Ritter, Schlösser, Drachen und Jungfrauen veranschaulicht. Während der Entwicklung des Tarots haben die Bilder dieser Reihe Kampf, Entmachtung, Kummer und Konflikt gezeigt. Die Bilder der Schwerter im *Tarot für das Innere Kind* hingegen porträtieren Eigenschaften wie Tapferkeit und Mut.

Schwerter sind scharf und kraftvoll. Sie können schützen, zerstören oder neue Gebiete erobern. Wir setzen unseren Verstand auf dieselbe Art und Weise ein. Diese Bilder wollen Ihnen bewußt machen, wie Sie Ihre geistigen Fähigkeiten einsetzen.

Blockieren oder fördern sie Ihr Leben? Lassen Sie sich ein auf das Abenteuer der Reise in diese Farbe und entdecken Sie die geheimen Schätze, die in den komplexen Mustern menschlicher Gedanken verborgen sind.

Ass der Schwerter

Ass der Schwerter

Diese Karte zeigt, wie König Artus als junger Mann bei einem Turnier am Neujahrstag das magische Schwert Excalibur aus einem Amboß herauszieht. Durch diesen Akt wird er zum rechtmäßigen Erben des Throns von Britannien.

Über Jahrhunderte hinweg ist das Schwert Symbol göttlicher Herrschaft und Macht gewesen. Aber es ist viel mehr als das. Es steht für den *spirituellen Willen*, der Furcht und Selbstzweifel überwindet. Es ist die Stärke des *klaren Denkens*, das die geistigen Armeen von Kummer und Entschlußlosigkeit vertreibt. Es ist die feurige Kraft der Intuition, ein Attribut des höheren Geistes, das nicht jeder junge Mensch handhaben kann. Die magische Art der *Intuition* macht es einem Kind möglich, eine Wahrheit, eine Realität oder eine Situation aus sich heraus zu „kennen", ohne auf das rationale Denken Zuflucht nehmen zu müssen. Wenn ein junger Mensch ein magisches Schwert herauszieht und in den Händen hält, bekommt er mentale Macht. Schließlich folgt der junge Mensch mit dem Schwert in der Hand seinem Weg des Schicksals, ein Krieger auf der Straße des Lebens. Am Anfang dieser Straße lernt jedes Kind das Alphabet, Worte, Sätze und die feine Kunst der Sprache - denn die menschliche Sprache ist eine Erweiterung dieses Schwertes göttlicher Wahrheit. Wenn das Kind schließlich Erfahrungen im Bereich der Schwerter gewinnt, kann das Schwert selbst sich verändern - in ein Musikinstrument, einen Stab der Weisheit, eine Fackel der Erleuchtung oder einen Füllfederhalter schöpferischer Weisheit.

Wenn das *Ass der Schwerter* in Ihrem Legesystem auftaucht, machen Sie sich das gezielte Denken nutzbar. Packen Sie Ihren göttlichen Willen am Schopf und machen Sie ihn zu einem Werkzeug, mit dem sich negative Gedanken besiegen lassen. Denken Sie daran: Nach dem Schicksal zu leben bedeutet, von Umständen regiert zu werden, die außerhalb Ihrer Kontrolle liegen. Ihrem „Schicksal zu folgen" heißt, Ihrem spirituellen Erbe zu entsprechen und sich bewußt zu machen, daß Sie mit einem klaren Ziel auf diese Welt gekommen sind. Indem Sie das Schwert aus dem Amboß ziehen, lernen Sie, Ihre mentalen Kräfte zu erforschen. Der Stein selbst ist der Widerstand bedrückender Bedingungen. Diese Karte kann auf die Geburt einer neuen Denkweise und den Abschied von Illusionen hindeuten. Sie kann der Beginn eines intellektuellen Projekts sein, das Schreiben eines Buches oder der Ausgangspunkt einer Reise.

Zwei Schwerter

Zwei Schwerter

Fechten und Sich-Duellieren sind Volkssportarten und Kunstformen, in denen Geschicklichkeit, Balance und Anmut gefragt sind. Sie sind verbunden mit klaren und schnellen Bewegungen, gekoppelt mit der Einsicht und dem Bewußtsein, wann es an der Zeit ist, dem Gegner Zugeständnisse zu machen und sich ihm auszuliefern. Von der Anlage her kann unser Verstand auf diese Weise funktionieren. In unserer streßbeladenen Kultur jedoch, in der dualistisches Denken herrscht, sind wir unvermeidbar oft genug in Entschlußlosigkeit und Selbstzweifeln gefangen. Das Lösen der Konflikte im Leben kann zu quälenden Schlachten führen. Wir bleiben oft starr oder unfähig, uns einer schwierigen Situation zu stellen, die vor uns liegt.

Diese Karte bietet die Perspektive, unsere mentalen Konflikte als Sport erfahren können, in dem Balance und Vollständigkeit vorrangig sind. Das ganze Leben besteht aus Gegensätzen: Yin/Yang, männlich/weiblich, hell/dunkel, Freude/Sorge. Wir müssen die eine Seite kennen, um ihr polares Gegenstück zu erfahren. Die gekreuzten Schwerter stehen für den geistigen Konflikt. Die strahlende Sonne hinter den Schwertern ist eine Erinnerung an die Ganzheit, die jede Form des Dualismus überstrahlt.

Vielleicht ist jetzt eine Phase in Ihrem Leben eingetreten, in der Sie nach neuen Entscheidungen oder Antworten auf alte Probleme suchen. Öffnen Sie sich Ihrem Licht und Ihrer Weisheit und lassen Sie die Antworten wie einen großartigen Sonnenaufgang hochkommen. Und lassen Sie zu, daß alte Sorgen in der Vergangenheit untergehen wie die Sonne am abendlichen Himmel. Die Klarheit wird kommen, wenn Sie sich sanft dem Augenblick hingeben.

Drei Schwerter

Drei Schwerter

Diese Karte zeigt ein schönes junges Mädchen, das mit einem Dreieck, aus drei kleinen Schwertern bestehend, spielt. Sie denkt über Harmonie und Konzentration und ihre Wirkung nach. In einem offenen Fenster über ihr thront ein Singvogel auf dem Fensterbrett und lauscht ihrer Melodie. Dieser Vogel steht für die Freiheit.

Traditionell ist die Karte *Drei Schwerter* eine Karte voller Streß und Verwirrung, oft Symbol verlorener Liebe. Was jedoch tatsächlich verlorenging, ist die Selbstliebe, denn der Verstand hat die Verbindung zum Herzen verloren. Erforderlich ist die Wiedervereinigung des Herzchakras und des Kronenchakras, damit die Sinfonie der Gedanken eine melodische Botschaft der inneren Wahrheit finden kann. Der Vogel ist ein Bote, der das Mädchen von begrenzenden Gedanken befreit. Die Zahl *3* bedeutet Freude, Harmonie und Kommunikation. Das Dreieck symbolisiert auch die spirituelle Einheit von Verstand, Herz und Körper. Das Mädchen lernt, wie es mit diesen drei Aspekten menschlicher Existenz „spielen" und diese mischen kann. Die Mauern des Schlosses stehen für die Gedankenformen, die den wahren Ausdruck der schönen Eigenschaften der Seele in der Welt blockieren.

Denken Sie daran, Ihre Gedanken sind Ihre Verbündeten. Lernen Sie, mit Ihren Gedanken wie mit den Instrumenten eines Orchesters zu spielen. Ihre Ängste sind die Trommeln, Ihre Hoffnungen die Violinen und Ihre Siege die Trompeten. Suchen Sie die reine Freude des Geistes! Lassen Sie nicht zu, daß die Refrains des Selbstzweifels einen mentalen Mißklang bilden. Ihre Alltagssprache kann so wunderbar sein wie ein zauberhaftes

Konzert von Mozart. Auf der praktischen Ebene kann diese Karte anregen, mehr Musik in Ihr Leben zu bringen. Spielen Sie ein Musikinstrument oder hören Sie eine Ihrer Lieblingsplatten. Die Magie des Klangs kann eine heilende Kraft sein - die Ihren Verstand beschwichtigt, Ihre Emotionen beruhigt und Ihren Körper entspannt.

Vier Schwerter

Vier Schwerter

In der Zeit der Jugend sind wir besonders offen für die Ströme plötzlichen Wechsels und neuer Richtung. In den entscheidenden Phasen der Entwicklung beginnt der Mensch, seine Gedanken bewußt zu konstruieren. In dieser Karte taucht die innere Wahrheit - durch den Strom symbolisiert - begleitet von dem Wunsch nach Freiheit - das Floß - aus den Tiefen des Wassers der Vergangenheit empor - den stakenden oder angelnden Schwertern. Das Floß ist eine Metapher für den neu entwickelten Verstand, auf der Idee basierend, daß das knospende Bewußtsein noch gefunden werden muß. Die Hoffnung auf höheres Wissen, das Schloß, ist weit hinten zu sehen, wenn auch nur schemenhaft. Auf dieser Karte bilden Freiheit und Form ein anmutiges Paar, repräsentiert durch den weißen Vogel, der die Jungen auf ihrer Reise leitet.

Fischen ist eine entspannende Tätigkeit, ebenso wie den Strom auf einem Floß hinunterzutreiben. Während Sie versuchen, Bilder der Erinnerung aus dem Bereich des Unbewußten herauszufischen, um Ihre Zukunft zu bauen, sollten Sie sich darum bemühen, den ruhigen Rhythmus des Flusses nachzuahmen, den Sie in dieser Karte sehen. Beschleunigen Sie den Prozeß nicht. Sehen Sie sich selbst als Fischer, vertiefen Sie Ihr Wissen und werfen Sie die Angel in die unbekannten Wasser des Lebens. Machen Sie sich auf den großen Fang gefaßt. Diese Phase mentaler Reifung kann in jedem Alter beginnen. Sie kommt, wenn wir den Drang verspüren, eine neue Grundlage der Bewußtheit zu schaffen.

Eine Zeit der Ruhe oder eine ruhigere Umgebung mag die Qualität Ihres Lebens verbessern. Tragen Sie Frieden im Herzen, wenn Sie in die Wasser tiefer Veränderung und Einweihung eintauchen.

Fünf Schwerter

Fünf Schwerter

In *Fünf Schwerter* findet das Floß von *Vier Schwerter* einen Platz, um anzulegen, und die Angel bzw. das Schwert wird fest im Sand verankert. Der Junge läßt das Floß hinter sich und macht sich auf die Suche nach unentdeckten Wahrheiten, die vor ihm liegen. Er starrt auf einen Seestern, der das Potential seines schöpferischen Geistes birgt. In der Numerologie steht die Zahl 5 in Verbindung mit Freiheit, Abenteuer und unerwarteten Veränderungen auf dem Pfad des Lebens. Die Seehunde am Ufer symbolisieren das Auftauchen unsichtbarer Lebenskräfte, die dem Jungen zuteil werden. Sein Bewußtsein ist, während er neue Ideen entdeckt, frisch und unverbraucht. Am aufregendsten ist die Entdeckung, daß die Klarheit brillant aufgeht wie die strahlende Sonne am Himmel hinter ihm.

Wenn Sie das Risiko auf Ihrem Floß der Vergangenheit eingehen, werden Sie sich der Wahrheit und der Freiheit bewußt, die vor Ihnen liegen. Mißbrauchte Freiheit kann verwirren und chaotisch sein. Seien Sie sorgsam, während Sie Quellen und Informationen sammeln, und setzen Sie Ihre Unterscheidungskraft ein. Machen Sie sich die Grenzen bewußt - die Lektionen des Floßes. Klären Sie Ihre Ziele. Der Junge sitzt auf einem schlüpfrigen Felsen und muß sorgfältig darauf achten, nicht abzugleiten. Machen Sie sich auf erleuchtende Einsichten aus Bereichen tief in Ihrem Inneren gefaßt. Dies ist eine Zeit, in der Schöpfergeist und Entschlossenheit gefragt sind. Am wichtigsten jedoch ist es, Ihre Aufmerksamkeit und Ihre Gedanken zu fokussieren.

Sechs Schwerter

Sechs Schwerter

Die großartige und dramatische Begrüßungsszene auf dieser Karte ist ein Tribut an die aktive Kraft des Geistes, die ihre Harmonie und ihren Erfolg gefunden hat. Jedes Kind hält einen Becher in der Hand, der für die Kraft des Herzens steht, und ein Schwert als Symbol für die Kraft des Verstandes. Das Ziel ist erreicht und die Suche nach neuer Klarheit vollendet. Fokussierung und einheitliche Vision sind die Früchte, und Verantwortung, Loyalität und Freundschaft sind klar ersichtlich. Auf dieser Ebene übersteigerter Bewußtheit ist der einzelne mit dem Ideal der Gemeinschaft verschmolzen. Aus der Verschmelzung wird die Mission, dem Planeten zu dienen, möglich. Der erhöhte Geist, symbolisiert durch die Schwerter, ist von Licht durchdrungen. Der Verstand ist klar und voller Triumph.

Sie haben den Gipfel erreicht. Weise Voraussicht und Inspiration haben zusammen mit Ihrem Verstand gewirkt, und es ist, als würde warmes Sonnenlicht die Wasser negativen Denkens und der Furcht verflüchtigen. Salute! Setzen Sie sich aufrecht hin, schließen Sie die Augen und lassen Sie das Licht des Sonnenfeuers zu einem Elixier der Weisheit werden. Eine goldene Aura göttlichen Schutzes umgibt Sie. Jetzt ist es an der Zeit, der Menschheit mit einer klaren Vision zu dienen.

Sieben Schwerter

Sieben Schwerter

Auf dieser Karte hat ein junger Schüler mit der Aufgabe begonnen, heiliges Wissen zu enthüllen. Es ist eine Zeit der Kontemplation. Der Junge schaut aus dem Fenster, um einen friedlichen Sonnenuntergang zu beobachten, in dem weit hinten ein Schiff vorbeisegelt. Dies ist symbolisch gemeint, denn es reflektiert den erweiterten Horizont, der vor ihm liegt. Seine Federhalter haben die Form winziger Schwerter, die ihm helfen, die Wahrheit und die Klarheit, die sich aus seiner Einsamkeit ergeben, auf dem Papier zum Ausdruck zu bringen. Die Bücher vor ihm sind eine Quelle alter Lehren. Als Symbol des Mystizismus steht die Schriftrolle für die Zeit. Der Teil der Schriftrolle, der entrollt ist, ist die Gegenwart, und das zusammengerollte Stück an jedem Ende steht für die verhüllte Vergangenheit und die unbekannte Zukunft. Die Symbole auf dieser Karte bedeuten Studium, Erleuchtung und Kommunikation.

Es mag an der Zeit sein, neue Studien zu beginnen oder Ihre Liebe zu einem bestimmten Projekt oder zu einem besonderen Bereich der Forschung wiederzubeleben. Es ist eine Zeit der Ruhe und der Reflexion. Ihre innere Führung wirkt - sanft und unsichtbar. Aktivitäten wie Bücherlesen, Briefeschreiben und Ihre Vorstellungskraft zu erproben sind angebracht. Akzeptieren und nutzen Sie die Zeit, in der Sie allein sind. Vielleicht wollen Sie mehr über Meditation, Kontemplation und Visualisierungstechniken erfahren. Aber am allerwichtigsten ist es, einen Platz des Friedens in Ihrem Inneren zu finden.

Acht Schwerter

Acht Schwerter

In *Acht Schwerter* wandern Kinder durch eine Höhle oder ein Labyrinth, das für die Reise der Seele in unbekannte Territorien steht. Ein Labyrinth hat oft einen verschlungenen Pfad, der zu einem letzten Ziel führt, und wird häufig als Einweihungsweg verwendet. Wenn tiefgehende Transformation ansteht, werden wir vielfach an die geheimen Plätze unseres Geistes geführt, um alte karmische Muster und unterschwellige Ängste zu lösen. Orientalische Mystiker behaupten, das wahre Selbst würde in der Höhle des Herzens wohnen. Dorthin müßten wir gehen, um unsere Weisheit wiederzufinden.

Die Spinne steht für das Netz, das sich selbst webt und wieder auflöst. Unser Geist ist ähnlich. Ständig schaffen wir unsere Gedanken neu und bilden sie um. Die Schlange, in der Figur einer Acht zusammengerollt - dem Symbol der Unendlichkeit -, steht für die psychische Kraft und die Lebenskraft im Inneren. Sie erinnert uns an die alte Weisheit der Kundalini-Energie, die unser Rückgrat hinauf- und hinunterläuft und mit einem feurigen Drachen verglichen wird, der in unserem Wurzelchakra schlummert. Die Fähigkeit, sich den unterschiedlichen Lebenssituationen anzupassen, ist von eminenter Bedeutung, wenn wir erfolgreich auf den Ruf nach Änderung und Reifung antworten wollen.

Vielleicht fühlen Sie, daß dies eine Zeit der Prüfung in Ihrem Leben ist. Schieben Sie die Sorgen beiseite und lassen Sie sich auf eine heilige Reise ein. Furcht zu überwinden ist möglich, wenn Sie bereit sind, sich ihrem trügerischem Antlitz zu stellen. Vielleicht tragen Sie dieser Zeit der Einweihung zu wenig

Rechnung. Dies zu tun würde bedeuten, die tiefen Ängste zu beleuchten, die Ihr Leben blockieren, und bereit zu sein, die verborgenen Bedeutungen anzuschauen und anzunehmen. Es ist eine einzigartige Möglichkeit, den Tempel Ihrer Seele zu reinigen. Am Ende des Tunnels ist immer Licht!

Neun Schwerter

Neun Schwerter

Das Kind sitzt auf einer grünen Wiese und findet sich von neun Schwertern eingeschlossen. Symbolisch ist es nicht in der Lage, jenseits der Grenzen der mentalen Strukturen (Schwerter) zu schauen, die es selbst geschaffen hat. Es ist auch umgeben von einem seltsamen Drachen, seinem unerkannten Verbündeten, den es sich unwissentlich zum Feind gemacht hat. Wenn der Junge bereit ist, aufzuschauen und dem Drachen ins Gesicht zu sehen, wird er erkennen, daß dieses Tier ein machtvoller und noch nicht integrierter Aspekt seines eigenen Selbst ist.

Die Zahl *9* steht für Vollendung. Alte Gedanken können verabschiedet werden. Mit der Zeit, wenn sich das Kind dem liebevollen Prozeß öffnet und den Drachen hereinläßt, werden sich die Schwerter Stück für Stück senken. Dennoch muß den Schwertern Achtung erwiesen werden, denn sie schützen den Jungen vor Kummer und der Weisheit, die er noch nicht bereit ist anzuerkennen. Im chinesischen Taoismus symbolisiert der Drache einen Geist, der den Weg zeigt.

Machen Sie sich auf die Suche nach dem phantastischen Drachen in sich und lassen Sie zu, daß er Sie zu einer transformierten Vision Ihrer künftigen Ziele führt. Machen Sie sich bewußt, wie Sie sich mit begrenzenden Gedanken oder starren Ideen selbst schaden. Seien Sie bereit, den Zyklus der Verführung zu vollenden, indem Sie sich sanft und liebevoll einer erweiterten Sicht des Lebens öffnen.

Zehn Schwerter

Zehn Schwerter

Triumph und Befreiung liegen in der Luft. Der junge Ritter auf dieser Karte hat gelernt, seine innere Kraft zu akzeptieren. In *Neun Schwerter* hält der Drachen den Jungen in Schach, weil dieser noch nicht in der Lage ist, über seine Angst hinauszusehen. In *Zehn Schwerter* ist der Drachen von den Schwertern des Jungen umzingelt als Symbol für seine Integration von Kraft und Mut, die er braucht, um Terror und Widerstand zu überwinden. Während er das zehnte Schwert in den Boden stößt, bildet sich ein Kreis um den Drachen - ein Zeichen dafür, daß er die Einheit von Körper, Geist und Seele erreicht hat.

Sie sind jetzt frei, den Beginn eines neuen Zyklus bewußter Wahrnehmung zu untersuchen. Sie haben sehr hart gearbeitet, um geistige Blockaden und Spannungen zu überwinden. Jetzt wissen Sie, wieviel Mut es bedarf, um den Geist von negativen Gedanken zu reinigen, denn Sie haben dem Drachen ins Antlitz geschaut. Der Kreis des Lebens geht weiter. Jetzt sind Sie bereit für eine neue Abenteuerrunde. Bei künftigen Krisen wissen Sie, was zu tun sein wird. Machen Sie sich die Weisheit und die Erfahrung zunutze, die Sie aus der Vergangenheit gewonnen haben, und denken Sie daran, auf dem Weg davon zu zehren. Der Geist ist sehr machtvoll. Sie müssen ihn mit freundlichen und liebenden Gedanken nähren. Sie haben einen Orden verdient.

Kind der Schwerter

Kind der Schwerter

Pinocchio

May Lamberton Becker zitiert in ihrer Einführung zu Pinocchio den Philosophen Benedetto Croce, der gesagt hat, „das Holz, aus dem Pinocchio geschnitzt ist, ist die Menschheit selbst." Das erinnert uns daran, daß alle menschlichen Wesen bei dem Versuch, ihre Träume wahr werden zu lassen, Fehler machen. Kinder lieben Pinocchio, weil er so sehr ist wie sie.

Ein armer Tischler namens Geppetto, der eine Puppe schnitzt, entdeckt eines Morgens, daß die Holzfigur, die er geschaffen hat, sprechen kann. Immer wenn Pinocchio, so tauft der Tischler sein Geschöpf, lügt, wird er zu einem unhöflichen und egoistischen Jungen, dem eine lange Nase wächst. Während sich die Geschichte entfaltet, muß Pinocchio eine Menge über Wahrheit und Ehrlichkeit lernen. Er möchte zur Schule gehen und lernen, aber er ist versucht, „der Musik zu folgen" - das heißt, der Muse zu folgen - und vom Pfad der Erziehung abzuweichen. Schließlich lernt er durch viele Mißgeschicke die Tugenden der selbstlosen Liebe und des Dienstes an der Menschheit.

Pinocchios Lektionen sind dieselben, die wir lernen, wenn wir erwachsen werden. Kinder sind versucht zu lügen und zu stehlen, um sich den Problemen des Alltags zu entziehen. Pinocchios Geist ist immer noch in der Entwicklung, und er hat die Bedeutung von Wahrheit und Ehre noch nicht verstanden. Er hat sich im Spiegel des Lebens noch nicht betrachten müssen.

Wenn wir beginnen, der Form jugendlicher Unwissenheit zu entwachsen, kann die Pinocchio-Karte auftauchen. Zu diesem Zeitpunkt sind wir keine Marionetten mehr, die nach den Klängen von Wunsch und Begierde tanzen, sondern menschliche Wesen, die einer reiferen Sicht des Lebens entgegenstreben. Pinocchio erreicht seinen Traum, ein wahres menschliches Wesen zu werden, indem er seine eigene Sehnsucht nach Liebe opfert und seinen Schöpfer Geppetto heilt.

Wenn in Ihrem Legemuster das *Kind der Schwerter* auftaucht, werden Sie aufgefordert, die Macht der Wahrheit in Ihrem Leben zu untersuchen. Wie ehrlich sind Sie? Machen Sie einen sauberen Schnitt und Schluß mit allen seit langem bestehenden Mustern der Lüge, des Klatsches und der Selbsttäuschung! Sehen Sie sich selbst ganz klar im Spiegel, der Ihre wahren Züge enthüllt. Lernen Sie, die spirituelle Willenskraft und die mentale Disziplin des Schwertes einzusetzen, um auf Ihrem Pfad des Schicksals zu bleiben.

Sucher der Schwerter

Sucher der Schwerter

Der Vogelscheuchenmann

Sowohl Pinocchio wie auch die Vogelscheuche im *Zauberer von Oz* sind nicht vollständig menschlich, aber von Menschen geschaffen. Sie streben danach, die Kraft zu entwickeln, für sich selbst zu denken. Als sich der Vogelscheuchenmann vorstellt, fehlt ihm jeglicher Orientierungssinn, und er sagt: „Ich kann nicht einmal einen Vogel verscheuchen." Später, als er die gelbe Ziegelsteinstraße entlangmarschiert, wird der Vogelscheuchenmann recht einfallsreich und clever. Es hat den Anschein, als ob die Reise oder Suche selbst ihn dazu bringen würde, sein Wissen herauszukehren. Als er auf den Zauberer trifft, merkt der Mann aus Stroh, daß sein eigener Verstand und seine eigene Intelligenz voll und ganz ausgebildet sind. Als Dorothy bereit ist, nach Hause zurückzukehren, dreht sie sich um zu ihrem geliebten Weggefährten und sagt: „Vogelscheuche, dich werde ich am meisten vermissen." Das deutet auf die Würde und Wichtigkeit des Intellekts und des klaren Denkens hin.

In der Karte *Sucher der Schwerter* stehen die beiden Schwerter für den Mangel an Entschlußkraft, geistigen Konflikt und dualistisches Denken, die alle drei schließlich harmonisiert werden. Die Sonnenblumen sind Symbol für das Potential, mit dem der Mensch sein Schicksal erfüllen kann, um in aller Bescheidenheit aufzusteigen und sich vor der strahlenden Helligkeit der lebensspendenden Sonne zu verneigen. Die Vogelscheuche wird dargestellt als riesige Sonnenblume, die versucht, die Willenskraft und Klarheit des Gedankens zu entwickeln, die sie schließlich findet, indem sie auf der Karte *Die gelbe Ziegelsteinstraße* die Lektionen des Lebens lernt.

Die Vogelscheuche besitzt Unschuld und Naivität. Ihre sorglose und spontane Art erinnern uns an *Der Narr* oder den Possenreißer, der sich seiner Aufgabe bewußt wird: die böse Hexe zu überlisten und Dorothy auf ihrer Mission zu helfen. Zu dem Zeitpunkt ist er bereit, seinen Verstand zum Wohl der Gemeinschaft einzusetzen. Er gibt seine Selbstsüchtigkeit auf und setzt sich für seine Gefährten ein. Der Verstand der Vogelscheuche wandelt sich von dem Samen der persönlichen Erleuchtung in eine Blume göttlichen Mitgefühls.

Wenn der Vogelscheuchenmann in Ihren Karten auftaucht, sollten Sie mehr Vertrauen in Ihre geistigen Fähigkeiten haben. Trainieren Sie Ihren Intellekt, erweitern Sie Ihr Vokabular, lesen Sie im Lexikon, lernen Sie eine neue Sprache oder studieren Sie die literarischen Klassiker. Machen Sie einen positiven Schritt, um Ihren intellektuellen Horizont zu bereichern. Vermeiden Sie Zögern und Entschlußlosigkeit. Goldene Gelegenheiten liegen immer für den auf der Straße, der Voraussicht und Weisheit walten läßt.

Führer der Schwerter

Führer der Schwerter

Robin Hood

Robin Hood und seine fröhlichen Mannen haben im 12. Jahrhundert in England gelebt. Sie waren ausgestoßene Helden der Angelsachsen vom Sherwood-Wald, die die reichen normannischen Herren beraubt und ihren Erlös den armen Bauern gegeben haben. Der wahre Robin Hood war ein brillanter Bogenschütze und Fechter, der schon damals zur Legende wurde. Seine großartigen Taten mit Klein-John, Will Scarlet, Bruder Tuck, Allan A-Dale und sogar König Richard Löwenherz sind in Abenteuergeschichten verarbeitet worden, die noch heute Herz und Verstand junger Menschen auf der ganzen Welt berühren. Die Erfahrungen dieser fröhlichen Männer verbinden uns mit den magischen Tagen von König Artus und den Rittern der Tafelrunde und der Zeit von Jesus und seinen zwölf Jüngern.

Während einer Zeit der Korruption der Regierung und politischer Intrigen sind Robin Hood und seine Bande zu Symbolen der Gerechtigkeit, des Dienstes am Menschen und des guten Willens geworden. *Der Führer der Schwerter* steht für ein wahres Eintauchen in Verständnis, Intelligenz und Liebe für das eigene Volk oder die Gemeinschaft. Das, was in der Karte *Pinocchio* nur als Potential vorhanden war und in der Karte *Der Vogelscheuchenmann* zum Teil Wirklichkeit wurde, ist in der Karte *Robin Hood* zu vollem Leben erwacht.

Robin Hoods Liebe zu der Fee Marian gewinnt im Reich der Schwerter eine andere Dimension: spirituelle Verbindung und physische Vereinigung, gesegnet durch den innigen Wunsch, die Gesetze der Natur aufrechtzuerhalten. In Frankreich kam fast drei

Jahrhunderte nach Robin Hood eine andere *Führerin der Schwerter* auf den Plan, um, vom Erzengel Michael geleitet, eine Nation aus dem Sklaventum heraus und ins Licht zu führen. Diese *Führerin der Schwerter* war Johanna von Orleans (Jeanne d'Arc).

In dieser Karte trägt Robin Hood das Schwert der Wahrheit an seiner Seite und die Pfeile höheren Bewußtseins und Zielorientiertheit in einem Köcher auf seinem Rücken. Er hat soeben das Gold entdeckt, das mehrere reiche Aristokraten den Armen gestohlen, indem sie diese mit zu hohen Steuern belegt und belastet haben.

Wenn in Ihren Karten *Robin Hood* auftaucht, seien Sie bereit, in seine Fußstapfen zu treten. Ergreifen Sie die Initiative. Helfen Sie den Bedürftigen. Seien Sie den Armen gegenüber großzügig. Lehren Sie andere die Werte Gerechtigkeit, Fairneß, Gleichheit und Ehre. Streifen Sie durch die Wälder und lernen Sie, mit der Natur im Einklang zu leben. Denken Sie an den alten Spruch: „Die Wahrheit wird dich frei machen!"

Hüter der Schwerter

Hüter der Schwerter

Michael

Der Erzengel Michael ist seit jeher als Oberhaupt der christlichen Armeen, als Anführer der himmlischen Heerscharen angesehen worden. Er war beinahe immer der „Engel mit dem gezogenen Schwert", der Josuah vor der Schlacht von Jericho erschien. Als die Trompeten erklangen, stürzten die Mauern um, und die Sonne stand still. In der Offenbarung soll er Tausende von Engeln mit seinem Flammenschwert in die apokalyptische Schlacht gegen den alten Drachen, Symbol für den Satan, die gefallenen Engel und die Dämonen geführt haben. Michael ist die himmlische Personifizierung der spirituellen Macht und Willenskraft. Wenn Sie Ihren Geist vor negativen Gedanken und Verwirrung schützen müssen, wird ein Gebet an einen Engel unter Michaels Oberaufsicht Sie trösten. Wenn es Zeit ist, eine Extraportion Mut aufzubringen, um einer wichtigen Entscheidung in Ihrem Leben entgegenzutreten, wird die überstrahlende Führung von Michael einen Pfad der Wahrheit erleuchten, dem Sie folgen können.

Der Name *Michael* bedeutet „der, der Gott gleicht". Er ist der Erzengel, der über die römisch-katholische Kirche herrscht. Auch wenn Michael Tausenden von Soldaten, Rittern und Kriegern göttliche Inspiration durch die Jahrhunderte gebracht hat, so ist er doch nicht zuständig für die schlimmen Taten und Exzesse, die Menschen mit freien Willen in Zeiten des Krieges und Konflikts begangen haben. Michael versucht, in den Menschen das Gefühl für Gottes ehrfurchtgebietende, schöpferische Kraft zu wecken, damit diese auf der Erde ihren guten Willen zeigen.

Seine Stärke ist am besten spürbar, wenn die Sonne durch das Sternbild Waage (im September und Oktober) zieht und die Erde, in Opposition zur Sonne, durch den feurigen Widder wandert.

Auf dieser Karte manifestiert der bewaffnete Michael seine überragende Präsenz auf unserem Planeten. Das Schwert der Wahrheit, mentale Klarheit und guter Wille werden in Freundschaft geopfert. Diese Karte erinnert uns auch an den Weg des Kreuzes - den Schmerz und das Leid, das wir viele Leben lang ertragen müssen, wenn wir unseren Freunden und Gefährten dienen. Die rote Rose steht für das Erblühen der Menschheit und die mystische Gemeinschaft planetarischer Krieger, die dem Christus universeller Liebe ewige Treue geschworen haben.

Wenn sich Michael bei Ihnen bemerkbar macht, sind Sie vielleicht erschöpft von einer der vielen Schlachten im Leben. Entfachen Sie Ihre Leidenschaft neu, nach der höchstmöglichen Wahrheit zu leben. Der Geist von Ehrlichkeit und Rechtschaffenheit umweht Sie. Erinnern Sie sich an die Worte Jesu im Garten von Gethsemane kurz vor seiner Kreuzigung: „Nicht mein Wille geschehe, sondern deiner." In einem besinnlichen Zwischenspiel können Sie Ihren Glauben und Ihr Vertrauen in die höheren Kräfte wiederfinden. Gehen Sie Ihren Weg durch das Leben mit Bescheidenheit, Vertrauen, einem Herzen aus Gold und noblen Absichten.

Die Geflügelten Herzen

Die Geflügelten Herzen des *Tarot für das Innere Kind* entsprechen im traditionellen Tarot der Reihe „Wasser“ , den Kelchen. Sie symbolisieren den weiblichen, empfangenden Aspekt des Herzens, der unsere Gefühle, Emotionen, Träume und unsere liebevolle Natur einschließt und im Einklang ist mit den geheimnisvollen Zyklen des Mondes.

Das Geflügelte Herz ist ein göttliches Symbol, das für die Freiheit steht, die bedingungslose Liebe bedeutet. Die Sufis, die die Essenz des Islam wie auch die aller Religionen anzapfen, verwenden dieses Symbol als Emblem der Liebe und Hingabe.

Die Nixen, Wassermänner und Unterwasserszenen, die in dieser Reihe gezeigt werden, charakterisieren die unbewußten Kräfte, die unter der Oberfläche unseres Alltagsbewußtseins liegen. Sie stehen auch für die verborgene Magie der Welt der Träume, die einen großen Teil unserer schöpferischen Vorstellungskraft bildet. Nixen sollen in Bächen, Flüssen und in Ozeanen leben und die Schätze unterseeischer Paläste hüten. Sie dienen als Hüterinnen und Bewahrerinnen der Liebe. Sie kommen, um zu heilen und zu nähren. Sie bitten uns, die Myriaden der Reiche zu suchen, die in der Tiefe des Herzens verborgen sind. Der Schlüssel zu dieser Farbe liegt darin, sich den höheren Potentialen menschlicher und göttlicher Liebe zu öffnen.

Ass der Herzen

Ass der Herzen

Die Essenz wahrer Liebe ist vor allem Vertrauen - in der unbeschreiblichen Ehrfurcht, die aus der Vereinigung mit einem geliebten Menschen entsteht. Dieser geliebte Mensch kann Ihr inneres Selbst oder eine andere menschliche Seele sein. Die Hauptbedeutung der Liebe ist die absolute Hinwendung zu einem anderen Wesen. Um dieses Gefühl der Zuneigung für einen anderen Menschen zum Ausdruck bringen zu können, muß man zuerst die Liebe zu sich selbst im Herzen tragen.

Auf dieser Karte spielen zwei Nixen fröhlich mit einem Geflügelten Herzen, das aus dem Wasser aufsteigt und einen leuchtenden Sonnenaufgang dargestellt, der das goldene Licht des Himmels berührt. Dieses Herz enthüllt die Akzeptanz der Liebe auf der höchsten Ebene, denn das Herz ist das Gefäß des Lebens, geschmückt mit den Flügeln spiritueller Freiheit.

Ein Ass ist immer etwas Positives. Diese Karte bestätigt, daß eine neue Gelegenheit im Reich der Liebe aus den Tiefen der Vergangenheit, durch den Ozean symbolisiert, aufsteigen wird. Diese neue Liebe kann ein Mensch, eine Idee, die Verwirklichung eines Traums oder ein neuer kreativer Versuch sein. Öffnen Sie Ihr Herz für die Möglichkeiten, die Ihnen diese Karte anbietet, weil sie der Schlüssel zu den höheren Dimensionen universeller Liebe ist. Vertrauen Sie der Liebe, denn sie kann Sie in Zeiten der Krise trösten. Liebe ist wie eine ewige Flamme, deren stetiges Licht Ihnen in Phasen persönlicher Dunkelheit den Weg zeigen kann. Liebe ist immer da und wird Sie nie verlassen.

Zwei Herzen

Zwei Herzen

Die heilige Vereinigung und Anziehung auf der Gefühlsebene wird durch die Nixe und den Wassermann auf dieser Karte personifiziert. Ein Regenbogen verbindet sie und gleicht sie aus. Zwei Delphine symbolisieren die Intelligenz des universellen Sprungs über den Regenbogen, im Gleichklang und in Freude. Nach dem klassischen Mythos wurde der Delphin zwischen den Sternen als die Konstellation Delphinius angesiedelt, weil er die Rolle des Heiratsvermittlers gespielt und die Meeresgöttin Amphritite mit Poseidon vermählt hat. Diese Karte kann entweder zwei Menschen symbolisieren, die sich lieben, oder zwei Aspekte eines Menschen, die nach Einheit und Ganzheit streben. Daher ist die Bedeutung dieser Karte: Hochzeit in jeglicher Form.

Von hier aus, dem Ort göttlicher Vereinigung, treffen wir auf die Balance und Integrität in der Polarität der Geschlechter. Die Zahl *2* bedeutet in jeder Farbe das Potential, Dualität auszugleichen. Vielleicht haben Sie Ihr Herz jemandem geschenkt, von dem Sie glauben, daß er ein geliebter Partner/eine geliebte Partnerin ist. Dieser spirituelle Partner kann ein Liebhaber, ein Freund oder, auf der spirituellen Ebene, ein Erwachen sein. Wenn Sie über die tiefere Bedeutung dieser Karte meditieren, denken Sie daran, daß Ihr Herz eine Regenbogenbrücke aus lebendiger Farbe und strahlendem Licht ist, die Sie mit der Quelle des göttlichen Kindes im Inneren verbindet und Ihnen hilft, alte Wunden im Herz eines geliebten Menschen zu heilen.

Drei Herzen

Drei Herzen

Die Verehrer der Göttinnen behaupteten einst, die Schöpfung des Universums sei durch den geheimnisvollen Rhythmus und magischen Tanz der tiefen Wasser entstanden. Orientalische Mystiker sagen, das wahre Selbst, identisch mit der ewig tanzenden Gottheit, wohne in der Tiefe unseres Herzens. Diese Verbindung zwischen dem Herzen und dem höheren Selbst ist eine wichtige Facette im ewig fließenden Fluß und dem Gleichklang des Lebens.

Auf dieser Karte schickt eine glückliche Muschel „kichernde Luftblasen" nach oben, während eine gesunkene Schatztruhe mit großen Reichtümern und Juwelen ungeöffnet auf dem Meeresboden liegt. Zwei fröhliche Seegeschöpfe tollen miteinander nach den magischen Klängen einer Muschelharfe herum, die von einem dritten Seegeschöpf, einer Nixe, gespielt wird. Die tantrische Tradition nennt Rhythmus den „Klang der Kraft" oder den „Herzschlag des Absoluten". Dieser schlagende Ton ist hörbar, wenn man in die Tiefen des Bewußtseins eintaucht. Die Karte *Drei Herzen* ist ein jubilierender Ruf, der in Ihrem Inneren den Geist des Spiels, der Phantasie und der ewigen Freundschaft emporholt.

Während Sie das kleine Kind entdecken, das in Ihrem Herzen wohnt, lassen Sie Ihre Gefühle wie Luftblasen nach oben steigen. Lassen Sie dieses Kind wissen, wie sehr es geliebt und gehegt wird. Huldigen Sie dem Tanz inniger Verbundenheit, den Sie und dieses Kind teilen. Vielleicht fließen auch ein paar Tränen des Glücks. Diese Karte kann auch für ein Fest oder eine Feier stehen. Die Zahl *3* symbolisiert ein künftiges Zusammensein mit Freunden und Familie. Lauschen Sie der Musik und vergessen Sie nicht zu tanzen.

Vier Herzen

Vier Herzen

Versunkene Schätze, verlorene Hoffnungen, gebrochene Herzen und tränenreiche Abschiede - sie alle sind Aspekte der emotionalen Reise, auf die wir uns in unserem Leben begeben müssen. Auch wenn diese Zeiten schmerzlich sind, existieren die immer-transformierenden Gezeiten der Hoffnung auch in Ihnen. Ein gebrochenes Herz ist ein offenes Herz. Wenn Sie bereit sind, tiefe Gefühle zuzulassen, dann werden Sie stets das Geschenk einer Liebe auf der anderen Seite finden. Kummer ist der Vorbote von Freude. Das ist der bittersüße Aspekt der Liebe.

Die freundliche Nixe auf dieser Karte hat alle Hoffnung verloren. Das Boot, das sie gesteuert hat, ist während eines Sturmes gesunken und das Medaillon mit ihrem Geflügelten Herzen zerbrochen. Irgendwann wird sie aufschauen und ihre drei Freunde sehen, die auf Delphinen herbeireiten, um sie zu retten. Was verloren scheint, wird tausendmal wiedergewonnen, wenn sie einen Neuanfang wagt und eine neue Grundlage des Vertrauens und der Hoffnung in sich und in das Leben entdeckt.

Oftmals können wir den Wald vor lauter Bäumen nicht sehen. Schätze, die vor unseren Augen liegen, können erst gefunden werden, wenn wir in der Lage sind, sie zu erkennen. Diese Karte beschreibt einen emotionalen Zustand. Geben Sie sich die Zeit, diese Emotionen zu fühlen. Tragen Sie Ihrem Prozeß der Innenschau Rechnung. Mit Vertrauen und Hoffnung wird etwas Neues auftauchen, um Ihr gebrochenes Herz zu heilen. Mit Ihren Gefühlen einszuwerden ist ein wichtiger Schritt für Sie auf dem Pfad des Lebens.

Fünf Herzen

Fünf Herzen

Oft besteht in den dunkelsten Stunden unseres Lebens der Wunsch nach Reflexion und Ruhe, die auf dieser Karte durch die Seeschildkröten, das ruhige Meer und die Mondsichel symbolisiert werden. Dann kann etwas Magisches geschehen. Die Nixe der *Vier Herzen*, die Sorge und Gefühle der Hoffnungslosigkeit erfahren hat, öffnet in *Fünf Herzen* eine Schatzkiste und findet einen Schatz - ein wunderschönes *Geflügeltes Herz*. Sie blickt auf ein goldenes Pentagramm im Zentrum dieses Herzens - ein symbolischer Stern der Einweihung, der ihren kosmischen Leitstern in den Himmel reflektiert. Das Pentagramm ist unter allen esoterischen Symbolen das am meisten verehrte Zeichen . Traditionell bedeutet es die Perfektion der Menschheit. Das Pentagramm kann als spiritueller Beschützer handeln und steht mit der mystischen Bedeutung der Zahl 5 in Verbindung. Die Hauptqualität dieser Zahl ist Veränderung. Auf dieser Karte erfährt die Nixe eine Veränderung des Herzens: Sie heilt die Wunden der Vergangenheit.

Wenn in Ihrem Leben Veränderung geschieht, vor allem auf der emotionalen Ebene, fühlen Sie sich vielleicht verwirrt und verletzbar. Die Veränderungen, die jetzt in Ihrem Leben stattfinden, werden geführt und beschützt durch das Zeichen des goldenen Sterns, der im Zentrum Ihres Herzens wohnt. Dieser Stern ist Ihr Höheres Selbst. Vertrauen Sie darauf, daß aus diesem Zwischenspiel des Chaos Kreativität entstehen wird. Lassen Sie sich nicht von negativen Dingen herunterziehen. Warten Sie auf die Erneuerung zwischenmenschlicher und göttlicher Liebe.

Sechs Herzen

Sechs Herzen

Es ist ein alter Glaube, daß Störche die Boten neuen Lebens sind. Oft sieht man sie an Tümpeln und Sümpfen, was zu dem Glauben geführt hat, daß die Geister ungeborener Kinder dort warten und eine neue Mutter bzw. ein neues Leben suchen. Somit gelten die Störche als Seelenträger.

Auf dieser Karte geschieht etwas Heiliges. Fünf Nixen halten sich an den Händen und steigen aus der See empor. Die sechste Nixe, auf einem Storch fliegend, wirft von oben eine spirituelle Rettungsleine. In Ekstase steigen die fünf aus dem Meer, dem Unbewußten, empor in die Luft und in das Sonnenlicht, ein Symbol höherer Offenbarung. Sie frohlocken, während sie einander berühren und zum Himmel emporstreben. Ein Übergang findet statt. Es ist, als ob Gefühle an die Oberfläche treten und jetzt losgelassen würden.

Stellen Sie sich vor, daß die See Ihre Tränen gefordert hat und die Sonne Ihre Augen trocknet. Das bedeutet innere Heilung - eine, die Sie verdienen. Die Zahl *6* steht für Unterstützung, Engagement, Verantwortung und Einheit. Sie kann auch den Wunsch symbolisieren, Ihr Gefühlsleben auszugleichen. Vielleicht ist es jetzt an der Zeit, die Familie zu heilen oder einen Konflikt mit einem geliebten Menschen zu lösen. Eine tiefe, herzliche Verbindung mit Ihren Freunden oder der Allgemeinheit kann jetzt geschehen.

Sieben Herzen

Sieben Herzen

Sieben ist eine mystische Zahl und steht für Visionen, Träume und Innenschau. Sie hat mit den sieben Chakren zu tun, den sieben Farben des Regenbogens, den sieben Pfeilern der Weisheit im mittleren Osten, den sieben Schwestern der Plejaden und den sieben Sternen des Großen Wagens in der Konstellation des Großen Bären (Ursa Major). Die friedliche Nixe auf dieser Karte meditiert in einem untergegangenen Tempel von Atlantis unter einem Bogen mit sieben Geflügelten Herzen. Sie trägt einen siebenzackigen Stern als Symbol für das Licht spirituellen Schutzes und spiritueller Führung. In gewisser Weise „schaut sie in die Sterne".

Wenn Sie über universelle Wahrheiten und Geheimnisse meditieren, können Sie Ihr Bewußtsein über die Grenzen von Raum und Zeit hinaus ausdehnen. Oft werden Sie sich zu diesem Zeitpunkt des göttlichen Überflusses bewußt, der in Ihrem Herzen lebt, ebenso des größeren Bedarfs nach Zentrierung und Klarheit. Vielleicht ist die Zeit reif, Ihre physischen Energien zurückzunehmen und sich im spirituellen Hier und Jetzt niederzulassen.

Machen Sie sich wieder mit der Kraft verborgener Quellen vertraut und balancieren Sie Ihre Wünsche im Außen mit den Bedürfnissen im Innen aus. Nehmen Sie sich Zeit, allein zu sein und Ihre Seele zu nähren. Schaffen Sie sich Ihre eigene kleine Welt oder Ihr Heiligtum, das vom Chaos des Außen nicht berührt werden kann. In den Momenten, in denen Sie ganz bei sich in Ihrem Herzen sind, werden vielleicht süße Botschaften Sie erreichen.

Acht Herzen

Acht Herzen

Das unendliche Symbol der Acht steht für Vollendung. Es besteht aus einer solaren rechten und einer lunaren linken Seite und kann die Beziehung oder das Gleichgewicht zwischen den Geschlechtern bedeuten. In der Essenz wird aus zwei eins. Alte Mystiker sagen, dieses Symbol würde auf die Präsenz von Zwillingsgöttern oder -göttinnen hindeuten, die als Magier, Heiler und Fruchtbarkeitsengel verehrt wurden.

Auf dieser Karte verbinden sich Zwillingswassergeister durch den tiefen, transformierenden Kreis von Kraft und Veränderung. Obwohl ihre Musik ruhig ist, verebben und fließen die Wellen hinter ihnen in einem Rhythmus der Kraft und Stärke. Dies wird symbolisiert durch die acht Musiknoten in der Form Geflügelter Herzen.

Die Vermischung dieser gegenseitigen Kräfte ist der Schlüssel zum Verständnis persönlicher Transformation. Die Zahl *8* selbst ist ein Zeichen für Unendlichkeit und steht für Leidenschaft, Sexualität, Kraft und Regeneration. Machen Sie sich bewußt, daß Sie männliche und weibliche Energien in Ihrer Psyche haben. Wenn jeder von uns seine Gaben der Sexualität und Kraft bewußt und konstruktiv einsetzte, würden wir gemeinsam eine sichere und weniger zerstörerische Welt schaffen.

Diese Karte bittet Sie, im Reich der Gefühle spirituelles und emotionales Gleichgewicht zu finden. Eine tiefe Veränderung steht an, wenn es Ihnen gelingt, ein persönliches Gefühl der Befähigung mit einem heiteren Verständnis des universellen Lebensflusses zu verbinden. Innere Harmonie kann Sie zu einem Zustand göttlichen Segens führen und Ihr Potential als begabter Heiler wecken.

Neun Herzen

Neun Herzen

Ein Brunnen, ein Gefäß oder ein Kessel kann geheiligtes Wasser für Rituale, Segnungen, Reinigungen und Heilungen bereithalten. Wasser ist die Essenz allen Lebens. Die Antwort auf die Frage, ob die Tasse halb voll oder halb leer ist, hängt davon ab, wie Sie das Leben zu einem bestimmten Augenblick sehen. Diese Frage wird Ihnen jetzt gestellt.

Zusammen mit dieser Frage wird Ihnen vielleicht auch ein Wunsch erfüllt. Im traditionellen Tarot wird die *Neun Herzen* oft als „Wunschkarte" betrachtet. Ihr Wunsch sollte das widerspiegeln, was Sie glauben, im Leben zu verdienen, wo Ihr Herz ist und wie sehr Sie sich selbst lieben. Wünschen ist eine Möglichkeit zu sehen, wie gut Sie nach Ihrer individuellen Erfüllung streben. Können Sie ein glückliches Leben akzeptieren? Das ist keine leichte Frage, und daher sollte auf die Antwort viel Sorgfalt verwandt werden. Manchmal müssen erst Wunden der Vergangenheit geheilt werden, bevor Sie in Ihren Wunsch hineinwachsen können. Sich selbst und anderen zu vergeben ist ein Schritt zu höchster Erfüllung.

Die Nixe auf dieser Karte hält ihr Gefäß in den Wasserfall, um es zu füllen. Sie hat einen Punkt der Akzeptanz in ihrem Leben erreicht und ist bereit, ihr Gefäß überlaufen zu lassen. Halten Sie Ihr Gefäß hoch in die Wasser des Lebens und trauen Sie sich, es ganz voll werden zu lassen. Stellen Sie sich die Möglichkeit unbegrenzter Liebe, Freude und Weisheit vor, die sich in Ihr Herz ergießt. Vielleicht ist jetzt die Zeit günstig für eine spirituelle Einweihung oder Reinigung in Ihrem Leben. Glauben Sie an Wunder und folgen Sie Ihren Träumen!

Zehn Herzen

Zehn Herzen

Es gibt eine Zeit, in der Sie einen symbolischen Topf Gold halten oder den vielfarbigen Regenbogen der Hoffnung in Ihrem Herzen verspüren. Es ist ein wichtiger Moment, wenn ein herzliches „Dankeschön" an die überstrahlenden Engel gerichtet werden kann, die Sie in all den Jahren geführt und beschützt haben.

Auf dieser Karte durchstrahlen neun Geflügelte Herzen die Aura einer vor Glück jubilierenden Nixe, während ein zehntes Herz aus ihrer Stirn heraustritt - als Symbol für das Öffnen ihres dritten Auges oder *ajna-Zentrums*. Gefühle der Liebe und Zuneigung für die Menschheit sind erwacht. Die Zahl *10* in dieser Reihe steht für die mächtige Transformation, die unvermeidlich zur emotionalen Wiedergeburt führt.

Ihre Wünsche und Träume werden jetzt vielleicht wahr, oder Sie streben danach, nunmehr ein wichtiges Ziel zu erreichen. Während Sie versuchen, Ihren Becher zu füllen, müssen Sie besondere Verantwortung übernehmen, denn es ist jetzt der Augenblick, in dem persönliche Erfüllung zum Wohl des größeren Ganzen zurückfließen kann. Dadurch wird es Ihnen möglich, sich den spirituellen Wassern der universellen Liebe und göttlicher Heilung zu öffnen. Dann können Sie diese wunderschönen Gaben Ihren Lieben, der Gemeinschaft und dem Planeten anbieten. Strecken Sie Ihre Arme dem Himmel entgegen und lassen Sie Wellen überschäumender Freude in Ihr Herz fließen.

Kind der Herzen

Kind der Herzen

Goldlöckchen

Auf unserer ewigen Suche nach Schutz und Sicherheit interessieren wir uns oft für die auf das Herz gerichteten Lebens- oder Seelenqualitäten anderer Wesen. In der Geschichte „Goldlöckchen und die drei Bären" haben wir es mit so handfesten Dingen wie Bären, Suppenschüsseln, Stühlen und Betten zu tun. Die Bären haben ein rituelles System entwickelt, das einen recht festgelegten, dennoch aber natürlichen und harmonischen Lebensstil schafft.

Goldlöckchen steht für die Neugier, die Unschuld und den Eifer eines Kindes, das auf der Suche ist nach dem wahren Heimatgefühl, seiner Identität und Familienbande. Durch ein Fenster - Symbol für das universelle Auge oder den Spiegel, der die größere Weisheit zurückspiegelt - schaut sie in die Hütte der Bären. *Goldlöckchen* steht für das Kind in jedem für uns, das *Kind der Herzen*, das eine wunderschöne Vision einer anderen Welt erhält.

Einige Augenblicke lang ist sie so von diesem Reich angezogen, daß sie sich sicher genug fühlt, das Essen der Bären zu probieren, auf ihren Stühlen zu sitzen und sogar in ihren Betten zu schlafen. Ihr empfindsames Herz findet einen vorübergehenden Ruheplatz. Als die Bären jedoch von ihrer Tagesarbeit zurückkehren, finden sie den Eindringling in ihrem Heim. Als *Goldlöckchen* entdeckt wird, läuft sie davon. Sie stört zwar die bestehende Ordnung, lernt jedoch eine Lektion über Geborgenheit, Sicherheit und Verwandtschaft.

Wenn *Goldlöckchen* in Ihren Karten auftaucht, öffnen Sie Ihr kindliches Herz dem Geist von Heim und Herd. Versuchen Sie, die Lebensart eines geliebten Menschen besser anzunehmen.

Untersuchen Sie Ihre tiefen inneren Empfindungen mit einem Gefühl der Fülle und des Wunderns. Betrachten Sie die Welt von einer neuen Warte aus. Machen Sie sich bewußt, daß das Gefühl der drei Bären für Organisation und Struktur Ihre eigenen Verhaltensmuster und festgefahrenen Gewohnheiten widerspiegeln kann. Vielleicht erhalten Sie den Besuch eines Gastes oder eines Freundes. Werden Sie den neuen Gefährten wegschicken oder ihn mit offenen Armen empfangen?

Sucher der Herzen

Sucher der Herzen

Der Blechmann

Wenn Dorothy in der *Zauberer von Oz* den Blechmann trifft, ist er sehr steif. Der Hufschmied, sein Schöpfer, hat vergessen, ihm ein Herz zu geben. Er muß dringend geölt werden - Symbol der blockierten Emotionen, die seine Starre und seinen Kummer verursachen. Im Lauf der Geschichte weint der Blechmann. Seine Tränen, die ihn zuvor hatten rosten lassen, sind wie das Fließen von Öl - das Elixier der Liebe und des Kummers hat die Wunden der Vergangenheit geheilt. Auf der Karte *Die gelbe Ziegelsteinstraße* sucht der Blechmann ein Herz, das er lieben, mit dem er fröhlich sein, tanzen und singen kann. Der Zauberer jedoch sagt ihm, er wüßte nicht, wie glücklich er wäre, kein Herz zu haben. „Herzen sind erst dann praktisch, wenn sie nicht mehr zerbrechen können". Aber der Blechmann will ein Herz, weil er sonst nie ein richtiger Mensch sein wird. Der Zauberer bietet ihm eine weitere Perle der Weisheit: „Ein Herz wird nicht danach beurteilt, wie sehr man liebt, sondern wie sehr man von anderen geliebt wird."

In *Sucher der Herzen* trägt der Blechmann einen Anzug in Form einer Rüstung, die ihn vor der seltsamen Welt der Gefühle schützt und bewahrt. Sein Pferd steht für die Freiheit der Seele, die den Blechholzfäller auf dieser wichtigen Lebenssuche trägt. Die Taube, ein göttlicher Bote für Frieden und Ruhe, bringt das Herz, das den Blechmann zu einem wahren Mitglied der sich entwickelnden Menschheit machen wird.

Wenn der Blechmann in Ihren Karten auftaucht, öffen Sie Ihr Herz! Lassen Sie es zu, eine Einweihung in das Reich der Gefühle, der Zuneigung und des Mitgefühls zu erleben. Denken Sie daran, Ihre Emotionen zum Ausdruck zu bringen. Zu weinen bedeutet, sich den Kummer, der im Kern einer jeden menschlichen Seele weilt, einzugestehen. Seien Sie ein *Sucher der Herzen* und finden Sie Wege, Freunden und Verwandten, die in Schwierigkeiten sind, zu helfen. Als Krieger der universellen Liebe haben Sie jedem Menschen, den Sie auf dem Pfad des Lebens treffen, eine besondere Gabe des Geistes anzubieten.

Führerin der Herzen

Führerin der Herzen

Die Gute Fee

In Zeiten von Kummer oder in jenen extremen Wendepunkten des Lebens, die man „die dunklen Nächte der Seele“ nennt, verlieren wir vielleicht den Blick auf unsere Führer und Lehrer. Offensichtlich jeglicher spürbaren Unterstützung beraubt, fühlen wir uns in diesen Situationen vollständig verloren, mit unseren Nerven am Ende. Plötzlich, vielleicht in der elften Stunde, blinkt ein Strahl des Lichts und der Hoffnung hindurch. Die Antwort auf unsere Gebete kommt in einem blitzähnlichen Schlag, oder der Besuch eines liebevollen, helfenden Geistes bringt uns Befreiung.

In der Geschichte *Der Zauberer von Oz* spielt die *Gute Fee* des Nordens eine kleine Rolle, aber eine von zentraler und lebenswichtiger Bedeutung. Als Schutzengel von Dorothy wartet sie geduldig hinter der Szene, sieht zu, wie die Kleine ihre Abenteuer besteht, und sichert ihr Wohlergehen. Sie läßt zu, daß Dorothy ihre eigenen Lektionen lernt, die sie ihr am Ende der Geschichte erzählt. Dorothy ist immer noch ratlos, wie sie zu ihrer Tante Em und dem Bauernhof zurückkehren kann, als die Vogelscheuche, Symbol für Geist und Verstand, aufschaut und die *Gute Fee* näherkommen sieht. Diese erzählt Dorothy, daß sie immer die Macht gehabt habe, nach Kansas zurückzugehen. Alles was sie hätte tun müssen, war, die Absätze ihrer Schuhe dreimal aneinanderzuschlagen und zu sagen: „Zu Hause ist es am schönsten.“ Die größten Rätsel des Lebens sind immer die Geheimnisse unseres Herzens. Wenn wir dem Weg des Herzens folgen, werden wir wissen, was zu tun ist und wann.

In der Karte *Führerin der Herzen* hat der Zauberer in der Hoffnung, Dorothy nach Hause zu bringen, zufällig die Erde in einem Ballon verlassen und das junge Mädchen zurückgelassen. Gleichzeitig taucht die *Gute Fee* des Nordens auf, winkt mit ihrem himmlischen Stab und gibt Dorothy ihren Glauben an ihre magischen Kräfte zurück.

Wenn die *Gute Fee* in Ihren Karten auftaucht, wird Ihnen Liebe durch unsichtbare Helfer und engelhafte Geister zuteil. Verzweifeln Sie nicht, wenn ein Problem unlösbar zu sein scheint. Glauben Sie an sich selbst. Beruhigen Sie Ihren Verstand und lassen Sie zu, daß sich eine intuitive Antwort in Ihrer Vorstellungskraft materialisiert. Ein Symbol, ein Archetyp oder ein besonderer Mensch ist vielleicht Ihr Schlüssel zum Glück. Denken Sie an das alte Sprichwort: „Heimat ist dort, wo das Herz ist!" Machen Sie sich bewußt, daß Sie im Grunde Ihres Herzens eine verkappte *Gute Fee* sein können. Ihre beruhigenden Worte, Ihre sanfte Berührung oder Ihr inspirierendes Beispiel kann einen Freund oder einen geliebten Menschen aus der Dunkelheit ins Licht führen.

Hüterin der Herzen

Hüterin der Herzen

Gabrielle

Der Erzengel Gabriel, der in dieser Karte eine weibliche Gestalt ist, Gabrielle, ist der wichtigste, der der Menschheit die göttlichen Mysterien enthüllt. Er hat Daniel geholfen, in der Löwengrube seine Träume und Visionen zu verstehen. Gabriel ist auch Zacharias erschienen und hat ihm verkündet, daß Johannes der Täufer bald geboren werden würde. Und dieser mächtige himmlische Bote ist Maria erschienen und hat ihr angekündigt, daß ihr Sohn, Jesus, der Messias sein würde, auf den das jüdische Volk so lange schon gewartet hätte. In der Offenbarung ist es Gabriel, der die Trompete der Wiedergeburt bläst und die Menschen auffordert, aus ihrer Antipathie aufzustehen und einander in selbstloser Liebe und Mitgefühl zu umarmen.

Der Name *Gabriel* bedeutet „Stärke Gottes". Oft mit einer Lilie, einem Zepter oder einer heiligen Schriftrolle in der Hand dargestellt, bringt dieser Erzengel den Gläubigen frohe Botschaft und jenen Verurteilung oder Gnade, die Sünden und böse Taten begangen haben. Gabriel hilft den menschlichen Wesen, ihren Geist und ihren Körper durch herzzentrierte Offenbarungen und Einsichten zu verbinden. Er durchdringt die menschliche Seele mit einer Vision göttlicher Weisheit in der Hoffnung, die Persönlichkeit zu einem Leben größerer Hingabe und des Dienstes am Menschen zu verändern. Die Kraft dieses Erzengels macht sich am stärksten bemerkbar, wenn die Sonne durch das Tierkreiszeichen des Schützen zieht und die Erde, in Opposition zu der Sonne, durch den wässerigen Krebs wandert. Gabriel ist stark mit dem magischen Mondreich verbunden, den Zyklen des Lebens und den Meeresströmungen.

Auf dieser Karte ist die *Hüterin der Herzen* die regenbogen-geflügelte Gabrielle. Sie ist eine Nixe mit goldenen Haaren und entlockt ihrer Trompete harmonische Klänge, die Seehunde und andere Seegeschöpfe an die Oberflächen locken. Sie trägt den heiligen Gral universeller Liebe und menschlicher Freundlichkeit.

Wenn Gabrielle in Ihren Karten auftaucht, hören Sie auf den Ruf der spirituellen Wiedergeburt. Achten Sie in Ihren Träumen auf inspirierende Symbole und Geschichten, die Sie auffordern, zu einem höheren Leben zu erwachen. Haben Sie Mitgefühl für jene Menschen, die verwundbar und von ihrem Glück verlassen zu sein scheinen. Sie können ihr Lehrer sein, dessen Worte, Lieder und sanfte Berührung geliebte Menschen heilt. Bauen Sie eine Regenbogenbrücke des Vertrauens und des Verständnisses zu Ihren Freunden auf der ganzen Welt.

Die Erdkristalle

Die *Erdkristalle* entsprechen im traditionellen Tarot der Reihe, die Erde symbolisiert - die Scheiben oder Münzen. Sie stehen für die physische Ebene, also den materiellen Bereich, Geld und Sicherheit. Die Kristalle bieten viele Perspektiven an, wie wir unseren Überfluß zum Ausdruck bringen können.

Kristalle wurden in früheren Zeiten oft als die Adern der Erde, gefrorenes Wasser oder gefrorenes Licht angesehen. Unsere physischen Körper und die Erde, auf der wir leben, können mit Hilfe der Kristalle geheilt werden.

Im Volkstum der Deutschen werden Gnome als Naturgeister angesehen, die mit dem Element Erde verbunden sind. Sie sollen in Bergwerken, Höhlen und Bergen, unter Bäumen und in Wäldern leben. Sie verfügen über wundersames Wissen und Kräfte in bezug auf Kristalle, Steine und Mineralien. Sie dienen als hütende Geister, die das Fundament des Planeten stärken.

Die Gnome, die in dieser Kartenfolge abgebildet sind, bieten eine andere Sicht des menschlichen Lebens. Sie porträtieren Gnomenkinder, Eltern und Ältere, die arbeiten, spielen und eine wunderschöne Welt irdischer Freuden schaffen. Diese Gnome symbolisieren auf vielfältige Weise die Familie der Menschheit und die Welt der Natur, die miteinander in Harmonie leben.

Ass der Kristalle

Ass der Kristalle

Im Brauchtum und in den Legenden des Nordens existiert der Glaube, daß die Gnome in den Wintermonaten, wenn die Erde schweigt und schläft, unter der Schneedecke fleißig Kristalle aus dem Licht des Mondes, der Sonne und der Sterne weben. Wenn die Wiedergeburt des Frühlings kommt, bieten die Gnome diese kostbaren Steine dem Himmel dar, und durch den sanften Regen des Frühlings entstehen wunderschöne Regenbögen.

Der hart arbeitende Gnom auf dieser Karte hat für Sie einen wunderschönen Kristall entdeckt. Die Zeit ist für Sie gekommen, das Versprechen der Hoffnung, Einheit und des Überflusses, das diese Kristalle bringen, zu akzeptieren. Der Regenbogen am Horizont ist eine Brücke, die Himmel und Erde miteinander verbindet und die Harmonie aller Menschen symbolisiert. Die Chinesen nannten den Regenbogen *t'ai chi* oder „das Höchste", das Yin und Yang vereinigt.

Wenn das *Ass der Kristalle* in Ihren Karten auftaucht, wird großes Potential befreit, und großartige Möglichkeiten liegen vor Ihnen, denn diese Karte bedeutet eine dynamische Wiedergeburt auf der physischen Ebene. Sie gebären vielleicht etwas Magisches, sei es ein Baby, ein Geschäft, ein Buch, eine Beziehung oder eine neue Phase des Selbstausdrucks. Sie sind gesegnet durch die Präsenz des strahlenden Kristalls, der Ihnen durch diesen bescheidenen Gnom gebracht wird. Ein Ass in jeder Farbe bedeutet ein strahlendes „Ja!" Beginnen Sie noch einmal neu. Viele Ideen und Träume, die jahrelang verborgen gewesen sind, werden jetzt neu entdeckt. Folgen Sie dem Licht des neuen Tages. Sie sind gesegnet!

Zwei Kristalle

Zwei Kristalle

Balance ist ein wesentlicher Teil der Philosophie der alten Kulturen. Sie ist so wichtig, daß sie im Zodiak durch das Zeichen Waage dargestellt wird. Dieses steht für Gerechtigkeit, Fairneß, Gleichgewicht, Equilibrium und Kooperation.

Die Gnomenkinder auf dieser Karte spielen das Lieblingsspiel der Wippe. Um dieses Spiel genießen zu können, müssen die kleinen Gnome die Regeln des Gleichgewichts und des Miteinanders beachten, sonst kann das Spiel gefährlich werden. Die leere Schaukel im Hintergrund steht für die unabhängige Aktivität eines jeden Menschen. Auf der Wippe sind zwei Menschen zusammengekommen - als Symbol für die Vereinigung der männlichen und weiblichen Eigenschaften -, um die Lektionen der Polarität und Beziehung zu lernen. Wenn sie Erfolg haben wollen, müssen sie als Team arbeiten und sich gegenseitig unterstützen.

Diese Karte steht für das erste Stadium bewußter Interaktion. Die Eule, die in der Mitte des Balkens sitzt, symbolisiert die Weisheit des Miteinanders, die erreicht wird, wenn Menschen in Beziehungen nach Verständnis und Gleichberechtigung suchen. Zu dieser Karte gehört der Wunsch nach zwischenmenschlichen Beziehungen und dem Bewußtsein, daß Höhen und Tiefen ein lebenswichtiger Teil des Alltags sind. Dieser Prozeß geschieht sowohl innen wie außen. Der Schlüssel ist ein fließendes Muster, das allen Beteiligten zugute kommt.

Wenn Sie diese Karte ziehen, sollten Sie gut auf sich, Ihre Beziehungen und Ihre Gesundheit achten. Körper, Geist und Verstand zu trainieren kann Ihnen Beweglichkeit bringen, das

Gleichgewicht zu halten, ob Sie allein sind oder zusammen mit einem Partner. Das Leben kann wie eine Wippe sein, aber wenn Sie ein spielerisches Verhalten an den Tag legen, kann es eine wunderbare Zeit sein.

Drei Kristalle

Drei Kristalle

Zum Seilchenspringen gehören drei oder mehr Teilnehmer, und es ist eines der zahlreichen Kinderspiele, das Reim, Gesang und Gelächter weckt. Das Spiel verbindet aktives und passives Verhalten, da die Kinder abwechselnd das Seil halten und mit dem Seil springen. Auf vielfache Weise werden hier sehr deutlich die Gesetze der Gemeinschaft widergespiegelt. Alle Teilnehmer müssen helfen, damit gemeinsam ein Rhythmus ständiger Bewegung entstehen kann. Die Zahl *3* steht für Gruppenaktivität, Kommunikation und Freude.

Diese Karte symbolisiert den Gruppengeist und die Erfüllung, die erreicht wird, wenn sich alle Beteiligten persönlich engagieren. Das Springseil, hier als Regenbogen dargestellt, steht für die Brücke oder den Bogen, der zur Harmonie der Welt führt.

Wenn die Karte *Drei Kristalle* in Ihrem Legesystem auftaucht, mag es Zeit für Sie sein, Ihren Zweck in der Gemeinschaft neu zu definieren und freudig die Weisheit und die Gaben, die Sie bekommen haben, mit anderen zu teilen. Schließen Sie sich anderen Gruppen an. Lernen Sie Familien und Kinder in Ihrer Nachbarschaft kennen. Umgeben Sie sich mit gleichgesinnten Menschen, die Ihre Sicht des Lebens teilen und respektieren. Wenn Sie Ihre Gruppe oder einen besonderen Freundeskreis noch nicht gefunden haben - jetzt ist die Zeit günstig, Ihre innere Freude zu vertiefen und Ihr Selbstvertrauen und Ihre persönlichen Quellen zu stärken. Vor allem aber eins: Vergessen Sie nicht, zu spielen!

Vier Kristalle

Vier Kristalle

Es ist wichtig, das Zentrum der Schwerkraft in der Seele zu entdecken, diesen magischen Kern, der den kreativen Willen hervorbringt. Diese Kraft hilft uns, die Welt nach unseren tiefsten Werten und Führungsprinzipien aufzubauen. Persönliche Verantwortung und konstruktive Handlungen sind die ersten Schritte zu einer Grundlage für ein besseres Leben für uns und andere.

Die Gnomenkinder auf dieser Karte werkeln mit verschiedenen Werkzeugen und mit Gemeinschaftssinn fleißig an einem Heim. Die Grundlage für dieses Haus ist ein Apfelbaum - Symbol für den Baum des Lebens. In der griechischen Mythologie steht der Apfelbaum für Reichtum und Überfluß.

Ein neues Bewußtsein wird gebaut. In Thailand errichten viele Menschen kleine Häuser, sozusagen Repliken jener Behausungen, die von Geistern bewohnt sind. Diese Miniaturmodelle heißen „Geisterhäuschen“. Diese alte Praxis lädt Schutzengel in den Haushalt ein und gestaltet Talismane für die überstrahlende Kraft universeller Liebe und Wahrheit. Aus dem Bewußtsein, das mit dieser Praxis erreicht wird, können Familienmitglieder innere Stärke und Achtung für alles Lebendige entwickeln.

Diese Gnome sind sehr konzentriert bei der Arbeit. Sie ist ihnen wichtig.

Sie haben die Vision, in einem Prozeß der Manifestation zu sein. Was wird in Ihrem Leben gebaut? Welche Vision haben Sie? Was auch immer es sein mag - Konzentration, Verantwortung, Hingabe und Sorgfalt sind die vier Pfeiler, die Sie bauen müssen, um Ihre wahren Ziele zu erreichen.

Fünf Kristalle

Fünf Kristalle

Auf dieser Karte nimmt ein weiser Großvater-Gnom die letzten Handgriffe an einem heiligen Mandala auf der Spitze eines Baumhauses vor. Zwei Aspekte gibt es an dem Mandala-Muster: ein Pentagramm und goldene Kreise. Die Kreise und der Stern in einem Muster gemeinsam deuten auf die Vereinigung von Himmel und Erde hin. Die fünf Zacken des Sterns stehen für Geburt, Einweihung, Dienen, Ruhe und Transformation. Dieses Symbol wird als schönes Emblem oder Bleiglasmotiv für ein Heim verwendet, weil es die Evolution der Menschheit repräsentiert und ein Schutzschild darstellt.

Großvater Gnom pfeift ein fröhliches Liedchen, denn er hat seine Vision der Schönheit zum Ausdruck gebracht. Die Äpfel am Baum sind reif und enthüllen die Früchte einer Aufgabe, die gut zu Ende gebracht wurde. Die Vögel bringen die Belohnung spiritueller Freiheit, die aus einem wohlgestalteten Leben kommt.

Umarmen Sie die Gaben, die diese Karte bietet, in ihrer ganzen Fülle. Denken Sie daran, die Potentiale des Lebens aufzunehmen, die das Leben Ihnen zum gegenwärtigen Zeitpunkt bietet. Lassen Sie zu, daß sich diese manifestieren. Kreativität liegt im Innersten Ihrer Existenz. Vielleicht möchten Sie mit Bleiglas arbeiten, sich mit Keramik, Holzschnitzerei, Sägen oder anderen Handwerkskünsten als neuem Hobby beschäftigen. Aber, ganz wichtig: Wenn Sie Ihren kreativen Neigungen folgen, bleiben Sie in Berührung mit den Wundern der Erde und all ihrer himmlischen Schönheit.

Sechs Kristalle

Sechs Kristalle

Die sechs Gnome auf dieser Karte haben sich auf den Weg gemacht, ein großes Ziel zu erreichen - den Gipfel eines Berges. Ein Gnom hat es bereits geschafft. Auf ihn wartet die Vision einer strahlenden Schneeflocke, ein sechszackiges Wunder der Natur. Der sechszackige Stern oder das Hexagramm heißt auch „die Blume Aphrodites", „der Stern Davids" und „das Siegel Salomons". In der Gleichung des Pythagoras steht die Zahl *6* für die einzige „perfekte" Zahl zwischen eins und zehn. Sie symbolisiert göttliche Weisheit, Harmonie, Gleichgewicht und Balance zwischen den männlichen und weiblichen Dimensionen des Bewußtseins.

Diese Karte strahlt ein Gefühl der Ekstase aus, weil das höchste Ziel dargestellt wird. Gruppenarbeit, Ausdauer, Loyalität und Zielorientiertheit sind die Grundelemente, die notwendig sind, wenn man scheinbar unmögliche Höhen erklimmen will. Die Zahl *6* kann sich auch auf Gipfelerlebnisse beziehen. Sie ist expansiv und von Natur aus positiv.

Wenn Sie die Karte *Sechs Kristalle* ziehen, ist dies ein Zeichen, Ihre Anstrengungen zu verdoppeln, um wichtige Ziele zu erreichen. Der Aufstieg mag steil sein, aber die Belohnung reichlich. Denken Sie daran, den Prozeß ehrfürchtig zu behandeln und volles Vertrauen in sich selbst zu haben. Wenn Ihre Arbeit bescheiden ist, einem Ziel entspricht, das über Ihr eigenes Selbst hinausgeht, dürfen Sie in den nächsten Jahren große Erfüllung und Glück erwarten. Auf höherer Ebene steht diese Karte für den Dienst am Ganzen und das Ideal einer Welt in Harmonie, durch das Symbol der wunderschönen Schneeflocke.

Sieben Kristalle

Sieben Kristalle

Eine Kerze anzuzünden ist eine symbolische Geste. Sie steht für eine Zeit, die die Erleuchtung der Seele ankündigt. Die Winter-Sonnenwende ist ein heiliger Wendepunkt des Jahres und geschieht oft um die Zeit des hebräischen „Fests der Lichter“, dem Chanukah. Bei der Sonnenwende werden Gebet und Ritual zu Ehren der Wiedergeburt der Sonne und des neuen Aufdämmerns des Höheren Selbst dargebracht. Zu diesem Zeitpunkt kann man sich von Isolation oder Dunkelheit entfernen - eine Zeit, in der die spirituelle Saat gesät wird, eine Saat des Lichts und der Einheit, aus der die Blumen der Weisheit erblühen können.

Das junge Gnomen-Mädchen auf dieser Karte schafft ein Heiligtum für sich, einen Ort, an dem sie nach innen gehen und Frieden, Klarheit und Vision suchen kann. Sie erlebt eine Zeit der Kontemplation, in der sie die Tiefen ihres persönlichen Wissens erreichen kann, um Wahrheit und Weisheit in Licht miteinander zu verweben. Die innere Transformation wird durch den regenbogenfarbigen Teppich, auf dem sie kniet, dargestellt. Die sieben Kerzen sind wie die Menorah, der siebenarmige Leuchter der Juden. Sie bedeuten „Lampen“ oder „Führer“, die helfen, den Prozeß zu erhellen.

Eine Zeit des Wartens oder der Ruhe steht an. Lassen Sie das Licht dieser Kerzen die Brillanz Ihrer inneren Reise widerspiegeln. Finden Sie Ihren eigenen Klang und vertrauen Sie darauf, daß alles in Ordnung ist. Geduld ist eine kardinale Tugend. Vielleicht ist jetzt eine Zeit der Ruhe angesagt oder eine Phase, in der Sie neue Kraft für künftige Abenteuer oder Bewußtsein im Leben tanken können. Werden Sie still und lassen Sie geschehen, daß sich die innere Wahrheit enthüllt!

Acht Kristalle

Acht Kristalle

Die Präzision eines Eiskunstläufers, der seine Figuren auf dem Eis malt, ist faszinierend zu beobachten. Die Zeit und die Anstrengung, die der Sport erfordert, werden offensichtlich, wenn man die Gestalt und Anmut eines Eiskunstläufers auf der gefrorenen Oberfläche bewundert. Während der Eisläufer über das Eis gleitet und auf ihm tanzt, hat es den Anschein, als ob er mit einer Schar Engel verbunden sei, die sich fröhlich in der kosmischen Spirale des Lebens drehen. Der Eisläufer steht für eine perfekte Verbindung oder ein perfektes Gleichgewicht zwischen Natur und Menschheit.

Tiefe Veränderungen und Transformation - repräsentiert durch die Zahl *8* - ereignen sich für den hingebungsvollen Menschen, der mit einem besonderen Talent exzellente Ergebnisse erzielt. Auf dieser Ebene der Inspiration wirkt sich der Einfluß der Größe auf die Allgemeinheit aus. Es ist der letzte Einsatz der Fähigkeiten, der die Welt transformieren kann. Wenn Menschen bereit sind, nach Erfolgen in Kunst, Erziehung und beim Dienst an der Gemeinschaft zu streben, beginnt die Menschheit, ihr Potential als Hüter göttlicher Liebe und Weisheit auf unserem Planeten zu leben.

Das Kind, das auf dieser Karte Schlittschuh läuft, schafft die Figur einer Acht, das alte Symbol der Unendlichkeit (oft als doppelt gewundene Schlange dargestellt, die sich in ihren eigenen Schwanz beißt). In der Karte *Acht Kristalle* bedeutet dieses Muster das unendliche Potential des menschlichen Wesens.

Wenn diese Karte in Ihrem Legesystem auftaucht, schauen Sie in die tieferen Bereiche Ihres Lebens, um die Gaben zu entdecken, die Sie mit der Welt teilen können. Lassen Sie Ihre verborgenen Fähigkeiten und schöpferischen Talente sich voll und ganz entfalten.

Neun Kristalle

Neun Kristalle

Ein Feuer brennt lodernd in der Hütte der Zwerge, während Begeisterung und Vorfreude auf den Weihnachtsabend die Luft erfüllen. Eine Phase der Vollendung steht bevor. Die Vorbereitungen für ein festliches und warmes Ereignis sind abgeschlossen. Die keimende Hoffnung und das Wunder der künftigen Gaben verbreiten ein Gefühl der Ehrfurcht, während der Weihnachtsmorgen heraufdämmert. Mama Gnom ist schwanger, und ihre Kerze steht symbolisch für das Licht der neuen Seele, die demnächst geboren werden wird. Die Geschenke unter dem Baum bleiben verschlossen, und die Strümpfe am Ofen sind noch nicht gefüllt. Die neun Strümpfe, die über dem Kamin hängen, bedeuten eine tiefe Bereitschaft für höhere Kräfte, wohingegen die neun Kerzen den wunderschönen Jul-Baum zu einem glühenden Kristall entzünden. Das kleine Gnomen-Mädchen freut sich auf die Ankunft von St. Nikolaus, dennoch weiß sie, daß sie schlafen und sich einer anderen Welt der Träume hingeben muß, bevor seine magische Gabe kommt. Erwartung ist überall spürbar.

Die *Neun Kristalle* markieren die Zeit des Lebens, in der das göttliche Potential der Zukunft nahe ist. Mama Gnom liest ihrem Kind eine Geschichte vor.

Wenn Sie diese Karte ziehen, machen Sie sich bewußt, daß auch Sie der Geschichtenzähler Ihres Lebens sein sollten. Die Geschichte kann nur das Bewußtsein desjenigen haben, der sie erzählt. Welches neue Thema, welches Märchen oder Abenteuer werden Sie als nächstes erleben? Während Sie sich in die Welt der Vollendung hineinbegeben, sollten Sie dem Guten trauen, das sich noch in Ihrem Leben manifestieren wird. Ein magisches Geschenk, eine besondere Freundschaft oder eine neue Gelegenheit mag auf dem Weg zu Ihnen sein.

Zehn Kristalle

Zehn Kristalle

Der Weihnachtstag bringt die Aussicht auf große Freude und Erwartung. Vielleicht werden Träume wahr, und neue Familienbande und freundschaftliches Teilen bringen Wärme und Liebe ins Heim. Auf dieser Karte sind alle Strümpfe gefüllt; ein winziger Strumpf wird gerade aufgehängt, um die Geburt des Gnomenbabys zu feiern. Papa Gnom entzündet den Scheit des Jul-Holzes, um das Licht und die Freude dieser Familie und des Zusammenseins zu fördern. Alle Päckchen sind geöffnet, und die Kinder schauen voller Freude auf die Schätze, die sie erhalten haben. Das Gnomen-Mädchen sitzt auf einem Regenbogenteppich, während es einen wunderbaren Kristall anschaut. Der Tag ist klar, die Sonne steht hoch am Himmel, und die Familie ist glücklich.

Lassen Sie die Szene der Karte *Zehn Kristalle* auf sich wirken. Feierlichkeiten und Feste aller Traditionen bringen die Menschen zusammen. Sie erwecken ein besonderes Gefühl der Dankbarkeit, das von dem Wunsch her rührt, universell verbunden und geliebt zu sein. Öffnen Sie sich den Gaben, die das Leben für Sie bereit hält. Vielleicht möchten Sie wieder in Kontakt mit den alten Ritualen und dem alten Zauber kommen, der in Ihrer schöpferischen Vorstellungskraft neue Feuer entzünden kann. Ihre Heilungsgebete und Gedanken können vielen Menschen auf dem Globus helfen. Denken Sie daran, den Benachteiligten und Obdachlosen zu helfen, die niedergeschlagen sind und eine helfende Hand brauchen. Danken Sie für all das Gute, das Sie durch die Engel, die unsichtbaren Helfer und höheren Lehrer im Laufe Ihres Lebens erhalten haben.

Kind der Kristalle

Kind der Kristalle
Huckleberry Finn

Das *Kind der Kristalle*, durch Mark Twains köstliche Figur *Huckleberry Finn* zum Leben erweckt, ist der ungezähmte Teil in uns, der Abenteuer und eine ungezügelte Beziehung mit der Erde sucht. In beginnenden Stadien des Bewußtseins werden wir an Begriffen wie Reichtum, Ehrlichkeit, Grenzen, Experiment und Verantwortung auf der physischen Ebene herangeführt. Wie wir damit umgehen, hat direkt mit unserer Reifung jenseits des kindlichen Stadiums der Existenz zu tun.

Huckleberry Finn ist der sprichwörtliche Vagabund, der Sohn des Stadtstreichers, der gegen die Diktatur sozialer Konvention rebelliert. Während *Huckleberry Finns* Abenteuern auf dem Mississippi kommt es zu vielen symbolischen Problemen mit der Freiheit - seiner eigenen und der Freiheit seines schwarzen Sklaven Jim - und der Suche nach dem höheren spirituellen Leben. Das Problem der weisen Nutzung irdischer Quellen taucht auf, als Huck und sein Freund Tom Sawyer Geld finden, das Räuber in einer Höhle versteckt haben. Sie bekommen eintausend Dollar als Belohnung, in Gold. Der Richter erlaubt ihnen einen Dollar pro Tag. Hucks Leben besteht aus Intelligenz, Prüfung, Fehlern und dem Wunsch, im Herzen ein Kind zu bleiben. Letztendlich können wir uns mit Hucks Widerstand, erwachsen zu werden, identifizieren, während er Hindernisse und Triumphe auf dem Weg seiner Einweihung in das Erwachsenendasein erfährt. *Huckleberry Finn* ist eine Erinnerung an die irdische Seele in uns. Er ist eine Spiegelung der Wildheit der Natur und des unabhängigen Geistes, der durch Pan, den großen Gott der heidnischen Welt, personifiziert wird.

Auf der Karte *Kind der Kristalle* fischt Huck an einem warmen Sommertag im Mississippi. Man könnte sagen, er fischt im Strom der Weisheit des menschlichen Bewußtseins nach neuem Wissen. Als *Kind der Kristalle* hat er mehrere Tiere als Freunde, ferner seine treue Steinschleuder und eine Gelassenheit, die uns an die harmonischen Schwingungen von Mutter Natur erinnert.

Wenn *Huckleberry Finn* als Karte für Sie auftaucht, lassen Sie Ihren abenteuerlichen Geist sich frei entfalten. Streifen Sie durch die Wälder. Verlassen Sie die Welt der Zivilisation und suchen Sie das große Abenteuer. Paddeln Sie mit Ihrem Kanu den Strom hinunter. Stellen Sie sich unangenehme Fragen zu Ihrer persönlichen Freiheit, Ihrer Nutzung der physischen Gaben mit Sensibilität und Geschicklichkeit und zu den Ängsten, die Sie vielleicht haben, ein verantwortliches Mitglied der Gesellschaft zu sein. Versuchen Sie zu ergründen, wo Sie jetzt stehen - am sich windenden Fluß des Lebens!

Sucher der Kristalle

Sucher der Kristalle

Der feige Löwe

Wir alle wissen, wieviel Mut notwendig ist, um auf dem Pfad des Lebens Widerständen ins Auge zu blicken. Während wir in die Zukunft reisen, wollen wir uns an die Geschichte des feigen Löwen in der *Zauberer von Oz* erinnern. Dorothy findet ihn im Wald, anscheinend sehr defensiv und selbstsicher. Als seine „schreckliche" Taktik nicht funktioniert, wird er mit seinen eigenen Ängsten und seine Verletzbarkeit konfrontiert. Er macht sich zusammen mit Dorothy, dem Blechmann und der Vogelscheuche auf dem Weg, den Zauberer zu suchen und mutig zu werden.

Während sich die Geschichte weiter entwickelt, transformiert der Löwe seine Angst durch Tapferkeit und Mut, indem er Dorothy vor der bösen Hexe rettet. Wie in vielen Fabeln und Märchen kommen sein Mut und sein wunderbares Selbst auf der Reise zutage, als er gefragt ist, seinen geliebten Begleitern zu helfen und sie zu beschützen. Als er sich lebensbedrohenden Situationen gegenübersieht, in denen Wahrheit, Tapferkeit und Ehre erforderlich sind, braucht er seine frühere Fassade nicht mehr.

In der Karte *Sucher der Kristalle* wandelt der feige Löwe auf der gelben Ziegelsteinstraße und bekommt eine Girlande aus Blumen, um seine Leistungen zu krönen. Es gibt eine sehr enge Verbindung zwischen dieser Karte und *Die Schöne und das Tier* der Großen Arkana.

Wenn beide Karten in einem Legemuster auftauchen, deutet das auf eine größere Lektion zu einer spirituellen Entwicklung hin. Wenn *Der feige Löwe* für Sie erscheint, denken Sie daran, Ihre verborgenen Kräfte und Stärken anzuzapfen. Manchmal muß diese Kraft auf sanfte Weise zum Ausdruck gebracht werden; ein anderes Mal sollte sie leidenschaftlich gezeigt werden. Falscher Stolz und Selbstsüchtigkeit, die Sie vielleicht aus Angst und Zweifel an den Tag legen, sollten am besten durch die ehrenvolle Bereitschaft ersetzt werden, Ihren eigenen Schmerz zu spüren. Lassen Sie die innere Wahrheit Ihrer strahlenden Seele durchscheinen. So wie *Der feige Löwe* werden Sie durch einen Siegerkranz gekrönt werden, der Ruhm und hart erarbeitete Erfüllung bedeutet.

Führer der Kristalle

Führer der Kristalle

St. Nikolaus

Während Santa Claus (der Weihnachtsmann) eine Gestalt ist, die in unserer Kultur „degradiert“ wurde und heutzutage ein Symbol für zügellosen Materialismus ist, hat die wahre Essenz von St. Nikolaus und dem Weihnachtsmann ihre Quelle in den göttlichen Ursprüngen unseres Planeten. In esoterischen Kreisen gilt Sanat Kumara als Name für den „Herrscher der Erde“. Dieses Wesen soll der „Herr der Welt“ sein, dessen Spiegelreflexion Luzifer, der gefallene Engel, oder Satan sein kann. Bedenken Sie, daß die Namen *Santa* und *Satan* Anagramme von *Sanat* sind. Jedes Wort hat fünf Buchstaben, und der numerische Wert eines jeden ist 55.

Der aufrechtstehende fünfzackige Stern ist in der okkulten Tradition Symbol eines menschlichen Wesens, das sich zu spiritueller Erleuchtung hin entwickelt. Jede menschliche Seele ist ein Miniaturstern: Der menschliche Kopf, zwei Arme, und zwei Beine stellen einen fünfzackigen Ausdruck dieser Seele in der Welt dar. Während Sanat Kumara über unseren Planeten aus unsichtbaren Ebenen des Seins herrscht, ist Santa Claus - der Herr des Nordpols (spirituelles „Hauptquartier“ oder Eingangsschleuse zur Erde) - der legendäre oder mythische Ausdruck dieses Wesens. Der wahre Sanat Kumara wirkt hinter der Szene; von dort aus schützt und nährt er die Menschheit.

Historisch gab es einen St. Nikolaus, der im 4. Jahrhundert v. Chr. in Kleinasien in einer reichen Familie lebte. Er wurde berühmt für seine Heiligkeit, seine Wunder und seinen Glaubenseifer. Wegen seines christlichen Glaubens wurde er sogar ins Gefängnis gesteckt. Teil seines Lebenszwecks war es, Sünder zu bekehren, seinen Wohlstand mit den Armen zu teilen und die Nächstenliebe unter der Bevölkerung zu verstärken. Schließlich kam er zu uns als Schutzpatron der vom Sturm gepeinigten Seeleute, der Gefangenen und Kinder. Wegen seiner Großzügigkeit begannen die Kinder zur Weihnachtszeit Geschenke zu verteilen, und sein Name wurde von den Amerikanern in Santa Claus und von den Holländern in Sinter Klaas verwandelt.

Das Bild von Santa Claus mit einem langem weißen Bart auf der Karte *Führer der Kristalle* ähnelt dem Bild von „Großvater Zeit“, dem Hüter der Hoffnungen und Träume, der den Schlüssel für die Manifestation des Verborgenen in Händen hält. Das Kaninchen auf der Karte steht für Fruchtbarkeit. Eingebaut in die Kartenfolge der *Erdkristalle* ist die Botschaft der Ernte, des Wachstums, der Produktivität und Reproduktion der Erde. St. Nikolaus ist eine Version der Kleinen Arkana der fünften Trumphkarte *Der Magier*, die eine Brücke zwischen der materiellen und spirituellen Welt schafft und uns ermutigt, nach Weisheit zu streben, durch die auf der Erde Überfluß entstehen kann.

Das Auftauchen dieser Karte bedeutet, daß Sie vielfältig gesegnet sind. Untersuchen Sie den Brunnen des Überflusses und der Güte, aus dem Sie zu jeder Zeit trinken können. Warten Sie auf ein Wunder - vielleicht werden Ihre Wünsche wahr. Denken Sie an die Magie des Glaubens. Entzünden Sie Ihr kindliches Gefühl der Vorfreude. Wenn die Gelegenheit an die Tür klopft, werden Ihre Hoffnungen und Gebete vielleicht erfüllt. Seien Sie großzügig. Seien Sie freundlich. Seien Sie dankbar!

Hüterin der Kristalle

Hüterin der Kristalle

Gaia

Sowohl die Sequenz der *Erdkristalle* wie auch die Karten des *Tarot für das Innere Kind* enden mit *Gaia*, der sanften Hüterin des Planeten Erde. Sie bildet Überfluß für alle Zeit, ist ehrerbietig und weise. Ihr Schutz erstreckt sich auf die ganze Familie der Menschheit und alle Geschöpfe der Natur. Sie wirkt ständig daran, das schwierige ökologische Gleichgewicht zu bewahren und die vergiftete Atmosphäre, Wasser und Boden auf unserem Globus durch innere Harmonie wiederherzustellen. Sie ist voller Sorge, daß die Menschen die Regenwälder zerstören und wunderschöne Meerestiere, Eulen, Elefanten und andere Lebewesen aus selbstsüchtigen Gründen ausrotten.

Die *Hüterin der Kristalle* ist ein Staatsoberhaupt, eine Lehrerin, eine Politikerin, eine Anwältin, eine Ärztin oder spirituelle Heilerin auf höchster Ebene - jemand, der eine universelle Vision und den Überblick über das Leben hat. Während das zwanzigste Jahrhundert seinem Ende entgegengeht, erwachen viele Wissenschaftler zu einer neuen Sicht des Lebens auf dem Planeten Erde und gemahnen an das, was sie „Gaia-Hypothese" genannt haben. Sie haben endlich akzeptiert, was Millionen spirituell bewußter Menschen bereits seit Jahrhunderten wissen: Die Erde ist ein pulsierender, lebender, atmender Organismus im Kosmos.

Auf dieser Karte hält *Gaia* die Erdkugel in ihren liebevollen Händen und strahlt Wärme und mütterliche Sorge aus. Sie opfert die Weisheit der Zeit und erinnert uns daran, daß es für jeden göttlichen Zweck die richtige Zeit und für jede irdische Transformation einen bedeutungsvollen Zyklus gibt. Sie ist die liebende Präsenz, mit der wir uns in Verbindung setzen können, wenn wir Berge, Meere, Wasserfälle, Gärten, Wälder, Wiesen und Cañons besuchen. Am stärksten ist sie spürbar, wenn die Sonne, in Opposition zur Erde, durch den Krebs zieht und die Erde durch den Steinbock wandert. Der Quarzkristall, den *Gaia* an einem Anhänger um ihren Hals trägt, deutet auf die Öffnung des Halschakras der Menschheit hin. Das heißt: Die Menschen erhalten die Fähigkeit, weltweit über Zeitungen, Radio, Fernsehen, Computer, Satelliten, Hellsichtigkeit und Telepathie mental miteinander zu kommunizieren. *Gaia* bringt die menschliche Familie wieder zusammen, durch eine Kombination aus erfinderischem Denken und einer Bewegung „Zurück zur Natur", die sogar in der Politik in Form der „Grünen" aufgetaucht ist.

Wenn *Gaia* in Ihren Karten erscheint, seien Sie dankbar für die Gabe des Lebens. Hüten Sie Ihre tiefsten Freundschaften. Danken Sie den Eltern und Verwandten, die Sie aufgezogen haben, und den Älteren, die Sie mit großen Visionen der Hoffnung und des Triumphes des menschlichen Geistes inspirieren. Widmen Sie sich der Aufgabe, die Welt zu verschönern und zu bereichern. Beschäftigen Sie sich mit Recycling, Gartenarbeit und dem Pflanzen von Bäumen. Spenden Sie oder widmen Sie freiwillig einen Teil Ihrer Zeit Umweltzwecken. Suchen Sie ein besonderes Heiligtum der Natur und beschäftigen Sie sich mit den Lehren der Weisheit, die vom Herzen und der Seele der Erde ausgehen.

Anmerkungen

1. Die Autoren sind sich der scheinbar negativen Bilder bestimmter weiblicher und männlicher Rollen in Märchen bewußt. Ganze Bücher könnten zu diesem Thema geschrieben werden, aber es würde weit über dieses Projekt hinausgehen, die Komplexität dieses Themas zu analysieren. Wir hoffen, daß unsere Leserinnen und Leser in ihren eigenen Herzen und Köpfen suchen werden, um den tieferen Symbolgehalt dieser Bilder zu entdecken.

2. Zu diesem Zeitpunkt ist es wichtig zu vermerken, daß sowohl das Tarot wie auch die Spielkarten magische Eigenschaften haben, das heißt: Beide sind Systeme höheren Wissens und höherer Führung, die es dem geübten Menschen ermöglichen, die Geheimnisse der Ewigen Weisheit anzuzapfen. Wie ist dies möglich? Wie kann dies geschehen?

Schriftsteller wie Mandy Palmer Hall [*The Secret Teachings of All Ages* (Die geheimen Lehren aller Zeiten)] Stuart Kaplan [*The Encyclopedia of Tarot* (Die Enzyklopädie des Tarots)] und andere haben erklärt, daß ein reguläres Kartendeck die Zyklen des Jahres zu reflektieren scheint. Die zweiundfünfzig Karten entsprechen den zweiundfünfzig Wochen in einem Jahr. Die vier Reihen - zwei rote (Herz und Karo) und zwei schwarze (Pik und Kreuz) - symbolisieren die vier Jahreszeiten. Die dreizehn Karten in jeder Farbe stehen für die dreizehn Mondmonate eines Jahres. Wenn Sie außerdem die numerischen Werte einer jeden dieser dreizehn Karten hinzufügen, erreichen Sie die Zahl 91 für jede Reihe. Wenn Sie dann die 91 mit der 4 (Anzahl der Reihen) multiplizieren, erhalten Sie 364. Fügen Sie den Joker hinzu, und Sie haben die 365 Tage eines Jahres. Offensichtlich haben also moderne Spielkarten eine tiefe und geheimnisvolle Verbindung mit den kosmischen Zyklen. Meistens werden moderne Spielkarten in den Händen eines Magiers auf dem Jahrmarkt oder einer Wahrsage-Zigeunerin nicht „zu der Seele eines Menschen sprechen“, der nach göttlicher Inspiration sucht. Aber wir sollten die Tatsache akzeptieren, daß moderne Spielkarten, wenn sie ordnungsgemäß verwendet werden, eine Quelle spiritueller Einsichten sein können.

3. Diese Verbindung zwischen den Ziffern 1, 3, 7 und 22 kommt in einer anderen, wahrhaftig geisterhellenden Weise zum Ausdruck. Der mathematische Begriff *pi* - die universell konstante Beziehung zwischen dem Durchmesser und dem Umfang eines Kreises - wird als Dezimalzahl 3.14159 ... (die Zahlensequenz geht bis ins Unendliche) geschrieben. Die Alten drückten früher *pi* als Bruch aus: 3 1/7. Dieser Bruch kann auch in 22/7 verwandelt werden. Die Zahlen, die *pi* darstellen, scheinen also eine Art Geheimformel zu sein, die die Welt spiritueller Kraft und Einheit (1), Kreativität und göttlicher Dreiheit (3), weltlichen Ausdrucks (7) und menschlicher Fähigkeiten (22) bezeichnet. Die zweiundzwanzig Karten der Großen Arkana sind eine Art phantasievolles und psychisches *pi*, das die kreisförmige und zyklische Magie des menschlichen Lebens, Todes und der Reinkarnation enthüllt. Das zeigt sich in vielen Dingen:

Wenn wir die Luft untersuchen, die wir auf diesem Planeten atmen, stellen wir eine außerordentliche numerologische Verbindung zum Tarot fest. Die Atmosphäre der Erde besteht zu 72 Prozent aus Stickstoff, 21 Prozent Sauerstoff und einem Prozent anderen Gasen wie Helium, Argon usw. Auch hier werden wir wieder mit dem Mysterium der Natur konfrontiert: Der Prozentsatz von Stickstoff entspricht der Anzahl der Karten im Tarot; der Prozentsatz von Sauerstoff (für das Überleben des Menschen unerläßlich) entspricht den einundzwanzig Karten der Großen Arkana und der Prozentsatz der anderen Gase, das ungewöhnliche „Extra in der Luft", der Karte *Der Narr* (0).

Je mehr wir uns mit dem System des Tarots beschäftigen, desto mehr wird uns bewußt, daß es eine universelle Präsenz in unserem Leben einnimmt: In der Luft, die wir atmen, in unserer DNA, in unseren Genen und in den Ursprüngen unseres Alphabets.

4. Philip M. Chancellor, *Das große Handbuch der Bach-Blüten,* Moewig

Bibliographie

Bettelheim, Bruno: *Kinder brauchen Märchen.* DVA.

Burnham, Sophy: *Engel, Erfahrungen und Reflexionen.* Walter.

Butler, Bill: *Dictionary of the Tarot* (Tarotlexikon), Schocken Books, New York, USA.

Campbell, Joseph, and Richard Roberts: *Tarot Revelations.* Vernal Equinox Press, San Anselmo, USA.

Case, Paul Foster: *Schlüssel zur ewigen Weisheit des Tarot.* Urania.

Chancellor, Philip M.: *Das große Handbuch der Bach-Blüten.* Moewig.

Clow, Barbara Hand: *Chiron. Die Verbindung zwischen inneren und äußeren Planeten.* Hugendubel.

Hall, Manly P.: *An Encyclopedic Outline of Masonic, Hermetic, Qabbalistic and Rosicrucian Symbolical Philosophy (Eine Enzyklopädie freimaurerischer, hermetischer, kabbalistischer und rosenkreuzerischer Symbol-Philosophie).* Phil. Research Society, Los Angeles, USA.

Kaplan, Stuart R.: *The Encyclopedia of Tarot.* Games Systems Inc. New York, USA.

Lotterhand, Jason C.: *The Thursday Night Tarot* (Das Donnerstagabend-Tarot). New Castle Publishing, North Hollywood, USA,

Meyer, Rudolf: *Die Weisheit der deutschen Volksmärchen.* Urachhaus.

Nichols, Sallie: *Die Psychologie des Tarot. Tarot als Weg zur Selbsterkenntnis nach der Archetypenlehre C.G. Jungs.* Ansata.

Noble, Vicki: *Mythen, Musen und Tarot, Motherpeace. Ein Weg zur Göttin.* Frauenoffensive.

Saint-Exupéry, Antoine de: *Der kleine Prinz.* Rauch.

Tolkien, J.R.R.*Der Herr der Ringe.* Klett-Cotta.

Walter, Barbara: *Die weise Alte. Kulturgeschichte, Symbolik, Archetypus.* Frauenoffensive.

Über die Autoren

Isha Lerner hat sich seit Anfang der siebziger Jahre mit Astrologie, Tarot und den heilenden Künsten beschäftigt und damit gearbeitet. Mehrere Jahre, die sie auf den hawaiischen Inseln zubrachte, und später in Findhorn/Schottland, hat sie im Einklang mit den Naturgeistern und den elementaren Lebenskräften des Landes gelebt. Ihre tiefe Liebe zur Natur und zu den Märchen, kombiniert mit ihrer Erfahrung als Mutter und als Berufsastrologin, haben sie dazu inspiriert, zusammen mit Mark Lerner das *Tarot für das Innere Kind* zu schaffen.

Isha lebt in Eugene, Oregon, wo sie in ihrer Praxis als Lebensberaterin mit Astrologie, Tarot, Märchen und Blütentherapie arbeitet. Seit 1981 ist sie Redaktionsmitglied der Zeitschrift *Welcome to Planet Earth*, für die sie schreibt. Wer mit ihr Verbindung aufnehmen möchte, kann das unter der unten angegebenen Adresse tun. Sie gibt Workshops, Vorträge und Unterricht.

Mark Lerner verließ die *Michigan States University* 1971 mit einem Diplom der Naturwissenschaften. Er begann seine astrologische Arbeit, seine metaphysischen Studien und seine Untersuchen des Tarots 1972 in New York. Dort besuchte er die Arkana-Schule, startete eine astrologische Praxis und arbeitete schließlich bei Luces Trust, dem Zentrum für die Bücher von Alice Bailey und ihre Lehren. Von 1976 bis 1979 war er Mitglied der *Findhorn-Foundation* in Nordschottland.

Seit 1979 hat Mark Diavorträge über die Zyklen des Planeten gehalten, eine eigene tägliche Radiosendung in Madison/Wisconsen gehabt, und eine Reihe Radio- und Fernsehinterviews gegeben. 1981 begann er mit der Herausgabe

von *Welcome to Planet Earth*, damals in Form von Rundbriefen. Es ist heute ein monatlich erscheinendes, astrologisches Magazin mit Tausenden von Lesern.

Mark hat sich eingehend mit der Wechselbeziehung zwischen Tarot, Astrologie, Märchen, Psychologie und Heilung beschäftigt. 1988 begann er zusammen mit Isha Lerner und Christopher Guilfoil mit der Arbeit am *Tarot für das Innere Kind*.

Wenn Sie sich mit Isha oder Mark in Verbindung setzen oder auf ihren Verteiler kommen möchten, schreiben Sie bitte an die folgende Adresse:

Welcome to Planet Earth
P.O. Box 5164
Eugene, OR 97405
USA

Über den Künstler

Christopher Guilfoil wurde 1956 in München/Deutschland geboren. Er lebt zur Zeit mit seiner Frau Ellen, ihren beiden Hängeohren-Kaninchen, zwei Goldfischen und einem Dackel namens Willi im nordwestlichen Pazifik.

Marta Cabeza

Tag für Tag mit den Engeln

ISBN 3-931 652-40-8
200 Seiten · broschiert
49 Karten mit Box
DM 24,80

»Tag für Tag mit den Engeln« wurde als Ergänzung zum mitgelieferten Kartenspiel »Mit den Engeln spielen« konzipiert.
»Mit den Engeln spielen« ist ein Kartenspiel der Verwandlung. Es hilft uns, unsere Alltagswirklichkeit bewußt zu erleben, indem es uns mit unserer inneren Stimme bzw. unserem „inneren Engel" verbindet. Dadurch bekommen wir die große Chance, Vergangenheit und Zukunft zu verändern, zu Gunsten einer bewußt gelebten Gegenwart, voller Liebe und stets geleitet durch unsere Intuition.

Dick Nijssen

Spirituelle Erkenntnis-Karten

ISBN 3-931652-69-6
78 Karten
DM 19,90

Die Karten können Dir als Unterstützung und Bezugspunkt auf Deiner spirituellen Reise dienen. Die beste Wirkung erzielst Du mit diesen Karten, wenn Du alles über das Thema, in das Du mehr Einsicht haben möchtest, mit einem oder mehreren Menschen besprichst. Wenn Du alles ausgesprochen hast, ziehst Du eine Erkenntniskarte und vertraust den anderen an, was sie tief in Dir bewegt.

Chief Archie Fire Lame Deer

Karten des Feurs

Das Weisheitsorakel der Sioux

Die Karten des Feuers sind auf den naturverbundenen schamanistischen Lehren der Lakota-Sioux-Kultur aufgebaut. Das Weisheitsorakel enthält 50 Karten, auf denen die machtvollen klassischen Symbole und Energiequalitäten der Indianer farbig abgebildet sind.
Im Handbuch werden die Weisheitslehren der Lakota-Sioux-Indianer und die Karten ausführlich erläutert und mit viel Einfühlungsvermögen verständlich und klar für den westlichen Menschen interpretiert.

ISBN 3-931 652-06-8
50 farbige Karten, Hanbuch mit 180 Seiten, broschiert, DM 55,00

Russell Grant

Astrologie-Set für Jedermann

Astrologie spielend begreifen

Dieses Astrologie-Set macht es möglich, ohne Vorwissen in das interessante Gebiet der Astrologie spielend einzusteigen. Durch ein gut durchdachtes System und mit wenigen astrologischen Hilfsmitteln (Astro-Drehscheibe, farbig illustrierte Planetenkarten und Horoskopformulare) können Sie jedes beliebige Geburtshoroskop erstellen.

ISBN 3-923 781-97-0
10 Formulare, 1 Drehscheibe,
Handbuch mit Ephemeriden,
10 Planetenkarten.
boschiert, Großformat, DM 49,00

Zwei Kristalle

0
Rotkäppchen

Ass der Kristalle

Acht Stäbe

Sieben Stäbe

Fünf Kristalle

Sieben Herzen

Zwei Herzen

Vier Kristalle

Zehn Stäbe

Sechs Stäbe

Acht Schwerter

XV
Der große böse Wolf

Drei Schwerter

Vier Schwerter

Ass der Herzen

Sechs Kristalle

Des Kaisers neue Kleider

Sechs Schwerter

Alice im Wunderland

Zehn Herzen

XXI
Das kosmische Kind

XVII
Der Zauberstern

Drei Stäbe

Zehn Schwerter

Acht Herzen

Fünf Herzen

Sucher der Schwerter

Zehn Kristalle

Kind der Kristalle

Zwei Stäbe

Neun Schwerter

Peter Pan

I
Aladin und die Wunderlampe

Fünf Stäbe

Neun Kristalle

Führer der Kristalle

Vier Stäbe

XI
König Midas

Der Zauberer

XIII
Dornröschen

VIII
Die Schöne und das Tier

Sucher der Herzen

Führerin der Herzen

Kind der Schwerter

Ass der Schwerter

Ass der Stäbe

Kind der Stäbe

Sucher der Kristalle

VI
Hänsel und Gretel

Hüterin der Kristalle

Sechs Herzen

Die Feenkönigin

Hüter der Schwerter

XVIII
Aschenputtel

Der Schutzengel

Sieben Schwerter

XX
Die drei Schweinchen

Neun Stäbe

Vier Herzen

Hüterin der Herzen

Hüter der Stäbe

Drei Herzen

Hans und die Bohnenstange

Sieben Kristalle

Rapunzel

Fünf Schwerter

Drei Kristalle

Kind der Herzen

Führer der Stäbe

XIX
Die gelbe Ziegelsteinstraße

Acht Kristalle

Führer der Schwerter

IX
Schneewittchen

Sucherin der Stäbe

Zwei Schwerter

Neun Herzen

Mutter Gans

Russel Grant

Astrologie -Set
für
jedermann

Durch dieses Set können Sie spielend ohne Vorwissen in das interessante Gebiet der Astrologie einsteigen. Durch ein gut durchdachtes System und mit wenigen astrologischen Hilfsmitteln (Astro-Drehscheibe, farbig illustrierte Planetenkarten und Horoskopformulare) können Sie jedes beliebige Geburtshoroskop erstellen.

ISBN 3-923 781-97-0
DM 49,00
Verlag „Die Silberschnur"

William Berton

Colores

Dieses Kartenset mit 78 Farbkarten und einem Begleitbüchlein eröffnet uns spielerisch die lebendige und vielseitige Welt der Farben. Durch die Farbkarten erfahren wir alles über unsere Seele und Persönlichkeit, können Kontakt zu unserem Schutzengel aufnehmen und unsere persönliche Lebenssituation klären und verbessern. Sie werden staunen!

ISBN 3-923 781-89-X
DM 45,00
Verlag „Die Silberschnur"

Tarot für das Innere Kind

Reisen in die Welt der
Märchen

ISHA LERNER & MARK LERNER

Deutsche Ausgabe:
Verlag „Die Silberschnur"
1. Auflage 1997

Amerikanische Originalausgabe:
Bear & Company, Santa Fé,
New Mexico

Aus dem Amerikanischen von
Mara Ordemann

Druck Carta Mundi - Turnhout/Belgien
ISBN 3-931 652-16-5